一個司法心理學家的告白
The Dark Side Of The Mind
True Stories from My Life as a Forensic Psychologist
凱莉．戴恩斯——著
Kerry Daynes
譯——高忠義

推薦序

一種「慢性社會病毒」感染引發的「社會心理疾病」

沈勝昂

近幾年台灣發生多起受人矚目的暴力殺人案件，特別是隨機殺人事件，受害者從小孩到大人、從殺一人到連續殺多個人，凶殘的程度令人怵目驚心，社會對殺人行徑的深感痛惡自然不在話下，然而更多的困惑是，這種違背人性常態的暴力行為到底為何發生？殺人者出了什麼問題？

幾次隨機殺人的案件中，根據法院案情的媒體報導，對於為何殺人，殺人者有著各種不同的理由（動機），其中令人印象特別深刻的，是「殺人只是為了吃牢飯」——只因為無法（錢）生活，這個年輕人自殺了好幾次，又因為不敢（勇氣）再自戕，最後選擇容易下手（殺）的小朋友，年幼無辜的生命在一個「只是為了吃牢飯」的念頭中被消失了！

走出看守所，即使南台灣七月的豔陽照得人頭昏眼花，卻無法停息這段對話在我腦海反覆翻攪——「那我問你，你為什麼那麼想活？」這個「哲學式」的反問，令人無語。沒錯，對大多數人而言，從來我們就以為「活著」理所當然，無法理解為何「殺個人來死」會是一個「理由」，若只因為「活著實在太辛苦」，著實令人無法接受。人們總以為「殺人應該有個神祕、驚人的理由」吧！「他們應該跟我們不一樣」，多數人都是這麼想的。

在最近常出現的幾種暴力犯罪案件中，飽受「精神症狀」干擾也是常見的殺人理由，殺人者因為長期受到莫名「妄想力量」的壓迫，導致無法承受，而採取毀滅「妄想力量」的方式：「他們一直要弄我，分明是要逼我死」，於是「殺人」，也就是直接「消滅妄想對象」成為最簡單的解決方式。然而，一般人無法理解的是，殺人卻只是為了一個消滅「現實中不存在」的「力量」。

我們與「惡」的距離到底有多遠呢？一直以來，「善與惡」、「好人與壞人」是社會對犯罪的審判標準，犯罪應該是「惡人」、「壞人」才會做的事，然而，多年的犯罪心理鑑定經驗告訴我，犯罪案件的發生，實質上對於「犯罪行為」的事實認定不難，客觀證據會說明「行為」真相，若只是針對犯罪行為，好比「用刀將人砍死了」，法定的有罪或無罪（善與惡）其實不難區分。但對於「為何發生？」的理解，才是真正的難題，特別是那些「偏離常態」的犯罪行為，例如：殺童案件，人們無法用常態去理解這個殺人行為，於是「司法心理鑑定」會在此時介入，協助釐清犯罪當時加害人的心智狀態（MSO, mental state at offense）。然而，最難的是犯罪發生的原因絕非單一因素，應該說犯罪的發生是一連串生命事件組合的故事，那個事件組合導引了一個「心智（時空）狀態」的犯罪結果，只是那個令人心碎的結果，讓人傷心到無法接受，整個社會都受傷了，在哀傷中尋找無法被回覆的答案，為什麼？

正如「每個人都有自己的生命故事」，犯罪者也是人，他們也有自己的故事，這本書正是嘗試描述犯罪為何發生的社會心理故事背景，或許很多犯罪情事的發生正如我們每天的生活一般，「犯罪的人並不全然必須有著特殊的生命經驗」。作者以自己從事司法心理工作多年的經驗，藉由不同犯罪案例鉅細靡遺描繪犯罪者一生的「發展故事」，讓每一位我們眼中的「惡人」走進我們的生命當中。「犯罪發生在人們的生活當中」，暗示著犯罪的成因，可能涉及遙遠的兒時故事、年少時期到長大成年的發展經歷，甚或是犯罪前夕庶民般的生活瑣事。

「這些都跟他為何殺人有關？」你心裡一定有這樣的疑問。

沒錯！事實上，當我們揭開犯罪的神祕面紗後，「惡」跟我們的距離其實並不遙遠，犯罪可能一直以來就在你我周遭的生活當中，預防或改善犯罪的發生，就是「照護」個人生命成長「小事」的社會心理發展，因此犯罪的成因像是一種「慢性社會病毒」，會在人與人之間傳遞、滋養，一旦感染就可能發展成為具「毀滅性」的「社會心理疾病」。而正如對於病毒（如 COVID-19）的預防需要落實平日「乾淨」的生活習慣，預防社會心理疾病需要落實平日「乾淨」的心理健康習慣，犯罪的預防與治療則需要社會（含政府）投注更多的努力來培養「人」的心理健康，讓「心理健康」行為取代「犯罪行為」（社會心理疾病），讓每一個人能健康安全的成長與生活。

「關心別人（社會），就是保護自己。」

本為作者為中央警察大學犯罪防治系教授

推薦序

他們是否惡貫滿盈或凶殘可怕？

陳若璋

商周來函希望我為本書寫序，我心中大驚，這不是幾年來我一直期許自己要寫的一本書之書名，現在竟被別人捷足先登了！

帶著好奇和渴望，快速閱讀這本書，大腦儲藏記憶的海馬迴及負責情緒的杏仁核不斷地被攪動，一幕幕深藏的記憶似跑馬燈奔馳，情緒也隨著記憶的影像跳躍在興奮、期待、哀傷、憤怒當中。

我和本書作者一樣，也是個女性司法心理學家，在台灣可以說是第一人；本書作者在英國此領域工作了二十年，而我則有三十八年的經驗。

本書作者提到，進入此領域是在一九九六年夏天，因到英國韋克菲爾德監獄參與研究，訪談在此監中曾性侵並殺害女性受害者的犯人，用於書寫一本手冊，而引發她進入此領域的興趣；而我則是一個意外，早了她十四年，一九八二年，我在美威斯康辛大學修讀博士班時，須到當地的精神病院（Mendota mental hospital，我常戲稱為「夢到他精神病院」）實習一學期，由於我的督導是性罪犯病房（sex-offender unit）的主任，因此我跟隨他進入病房實習。

該病房隸屬於醫院的司法病監（forensic unit）一部分，而司法病監的病人是那些犯了法，但法官認為他們需要的是治療而非懲罰的犯人。當時性罪犯病房關了三十至四十位性罪犯，他們被分類為強暴犯、亂倫犯及戀童症等三類型。此實習經驗，對我而言是人生的震撼，因為在我的成長過程，台灣只將強姦犯定位於是色瞇瞇的邪惡男人，意思是他們是「壞人」，非變態；反而對受害者大多缺乏同情心，社會大眾極易去指責強暴的發生是由於這些受害者的衣著暴露、行為舉止不當，因而勾引了這些邪惡的男人。

此經驗改變了我原有的認知，對性侵案件有了全新的想法與體悟。在性罪犯病房的學習，首先是讓我瞭解到，不同分類的性罪犯，其實是有不同的生長背景，其生長背景的差異，塑造了不同的危險因子，也就是說不同類型的性犯罪是由不同的病理因素造成；而不同類型的性罪犯，會選擇不同的犯罪手法及不同特質的受害者。醫院提供的學習，在於教導工作人員首先要明瞭各式各樣病人／罪犯會犯罪的病理原因，對病理的相關概念有所理解後，才能為這些病人／罪犯提供最有效的心理治療。

「夢到他精神病院」之性罪犯治療方案，是每週進行五個整天，其中包括了各式各樣的治療法，每項活動都深深吸引我，因此，原只需在此醫院完成一個學期的實習，最後我共留在醫院兩年。這個實習經驗讓我真正體驗及參與到書本所說的各式心理治療理論及技術，最棒的是要將這些理論應用到這批最難治療、最具挑戰的群體上。這個經驗開啟了以後我對司法心理學的認識與興趣，也意外地展開了我近四十年的司法心理學生涯。

取得博士學位後，回到台灣在台灣大學、清華大學任教，卻意外地開創了婚暴婦女的服務及預防方案，這在當時的父權社會算是很前衛的創舉，包括幫助政府結合法律、醫療、警政，為暴力的兩造建立處理制度，直到一九九七年政府正式成立「家暴性侵處理委員會」，我才逐漸減少這方面的參與。也因為上述的服務，我再度接觸性侵的受害者與加害者，在當時，這方面的制度與處遇也是全然荒蕪，我不僅要向社會大眾宣導性侵對受害者與其家屬造成的影響深遠，還須再度與政府各個部門奮戰，說服他們加入處理行列，這是一件不容易也極為辛苦的工作。

我曾經在一九九〇年極度挫折後，遠離台灣回到美國華府的聖伊莉莎白醫院（St. Elizabeths Hospital）擔任心理師，但又因職務所需進入該醫院中最早且最有名望的司法病監（John Howard unit），以心理劇的方式治療各式各樣的犯人，這經驗又再度燃起我對司法心理學的熱情與興趣。之後的二十年，我雖人在大學任教，仍挪出許多時間協助政府單位、獄政體系制定性侵相關的法律，以及性罪犯處遇流程與內涵，我自己也多次進到監獄與社區中，與性侵犯面對面地直接進行處遇治療工作。

在一九九〇年到二〇〇五年間，不知道有多少次本人帶領一批又一批的台灣醫療團隊，包括精神科醫師、心理師、社工師等進入美國東、西、北部的監獄，參觀、學習與討論。記憶中，多少個夜黑風高、寒風刺骨的夜晚，我們須早早起床，披星戴月地開數小時車程，趕赴美國不同的監獄學習。進出美國監獄的過程比台灣監獄複雜驚悚多了：美國東西兩岸的大監獄經常接管三、四萬名罪犯，從輕度到極為嚴重的犯罪，其犯罪比台灣嚴重且殘酷多了，由於過去這些監獄皆發生過犯人對工作者挖其眼球、割其皮膚，偽裝成工作人員後蒙混出獄；因此，進出監獄就發展出許多儀式，諸如先進入密閉艙，透過X光掃描、檢查是否身上隱藏著不應進入監獄的物品，同時也須檢驗進出人員的瞳孔、皮膚是否真屬於該名工作人員。在監獄進行處遇時，氣氛也比台灣肅殺多了，只要風吹草動，獄卒就會帶著警犬進入工作室，要求可能的暴力犯人趴在地上接受警犬的搜查。記得千禧年後，我曾在佛蒙特州（State of Vermont）的監獄工作了四個月，也曾像本書作者一樣，被犯人威脅過，但由於工作夥伴們都非常有經驗與專業，被威脅後並未特別感到驚恐。

我這些年仍有機會對犯人提供直接服務，並督導那些為犯人提供處遇的工作人員，以及提供工作坊訓練新進人員。但我愈來愈感覺現在的工作者不像我們當年，充滿學習的熱忱並願意認真奉獻，許多人通常只是為了賺錢、多份收入，比較感受不到他們對這份工作的尊重與對犯人的同理。

和本書作者一樣，我這幾年也常從事的另一項司法心理工作，是參與國內重大刑案凶嫌的精神狀態鑑定，從一九九〇年代至今，我所參與的案件不下數十件，廣為人知的有：陳金火謀殺女保險員案、江國慶冤死案中受害女童可能之凶嫌、砍殺小燈泡案的王景玉、到台大宅王殺女友案等等。從事司法鑑定時，從審閱卷宗、檢視犯罪照片、訪談犯人與其家屬及受害者之相關人士，往往一個案件就需處理長達四、五個月。進行鑑定時，也非僅是訪談犯人、整理資料，其實是需要有個鑑定架構來引導所有的步驟，而我的步驟包括瞭解犯人的過去成長史、家人互動下而形成的人格特質，以及犯案時是基於哪種壓力而觸發了他人格特質中的這些危險因子。另外，鑑定當時，鑑定者必須再一次詢問該名犯人，犯罪後他現在是如何去覺知與看待他的犯罪行為，以瞭解他是否有真實的悔意。

因而，一份完整的司法鑑定報告應涵蓋：被鑑定者的過去史、犯罪歷程（如犯罪手法及行凶過程等），以及被鑑定者當下的心理狀態，最後佐以可預測再犯的量表分數來綜合論述：這位被鑑定者未來對社會的威脅性、再犯性及矯治的可能性為何。因此，司法鑑定並非僅憑被鑑定者是否當時患有精神疾病就可論斷其是否能夠免責，即使該名被鑑定者在犯行當時似有罹患精神疾病，仍須繼續判斷該疾病導致了多少認知／理性缺損，以致他無法知曉該行為係屬犯罪行為。所以我的一份司法鑑定報告至少七、八十頁。

因而，我在閱讀本書時，也被勾起許多過去進行司法鑑定時的記憶與情緒，也聯想到最近吵得沸沸揚揚的台鐵殺警案，其凶嫌因患有思覺失調症而在一審時獲判無罪，引起多數民眾的憤怒，實在讓我感到傷心絕望，以我的眼光，此案件中，對凶嫌施以精神鑑定的精神科醫師和判其無罪的法官都應各自重打五十大板。

精神科醫師應被責難的問題在於，就如我前述的，並未認真遵循司法鑑定應有的程序，僅呈現該凶嫌患有思覺失調症，而未詳實考慮前述所提及的各種觀點加以深入判斷該凶嫌在犯行前後不同階段的心理狀態，以及該疾病會如何影響其認知／理性判斷的缺損程度和威脅社會安全的風險為何。這些皆顯示多數精神科醫師在這個領域的訓練及學養是不足的。

而法官應被責難的問題在於，不能因鑑定者提及凶嫌為思覺失調症，就免其刑責，應多方考慮我前述所提及的內容與條件，而做其刑度的判斷，不應因精神科醫師背書就便宜行事免責之。若此邏輯行得通，那殘殺小燈泡的凶嫌同樣患有思覺失調症，為何卻獲判無期徒刑，這不就反映出法官們經常具有的雙重標準或政治考量？更令我氣憤不已的是，我曾以兩個重大刑案對百餘名檢察官及法官提供教育課程不下數次，並訴說上述司法鑑定涵蓋之內容及步驟；尤其在某一課程中，我曾以某重大刑案之凶嫌為例，解釋被鑑定者可能在其辯護律師的教唆下，會操弄心理測驗及衡鑑，而起訴之檢察官及判刑的法官必須謹慎區辨及應對之。但上完教育課程後，其法官仍對該名心狠手辣且預謀犯案的凶嫌從輕量刑，令我錯愕不已；我也曾為此事奔走、演說，甚至面呈司法院長，上陳我對該名凶嫌可能對社會安全有威脅的憂慮，結果僅得到院長令我傻眼的回應：「陳教授的意見極好，我們存查。」

因此，這些年來，當有人問我和這些重大凶嫌工作的感受為何，他們是否惡貫滿盈或凶殘可怕？我在從事司法心理工作時是否會感到緊張或害怕？我真想回應：「我覺得即使所謂惡貫滿盈的犯人，我都看到其良善的某些面向，反倒是與所謂『人道律師』或『人道法官』工作時，更讓我感到挫折與害怕！」

本文作者為慈濟大學與東華大學臨床心理學退休教授

推薦序

沒有他們跟我們，就只有我們

趙儀珊

本書揭露了大多數人不曾聽聞過的「司法心理師」工作的種種。一般人看到這個職業，通常會聯想到所謂專家鑑定的結果或結論，而且大半是出自經過記者「潤飾」的媒體報導，而非專家本人。作者在書中與我們分享她在監獄與司法精神醫院中擔任司法心理師工作的各種細節，包含與被定罪的被告接觸、在犯罪偵查過程中擔任專家證人或諮詢顧問。

雖然我難以在此詳述台灣的鑑定人與其他國家的專家證人制度之間千絲萬縷般的差異，但為了幫助台灣讀者瞭解台灣司法心理專業人士的工作內容，首先有必要釐清：與臨床心理師或精神科醫師不同，台灣還沒有司法心理師的相關證照制度。台灣的司法心理專業人士毋寧說是在司法脈絡下工作之心理專業人員的集合，例如在監獄或醫院的司法病房服務的臨床心理師，或是像我這種專攻司法心理學的學者。在監獄工作者負責為受刑人評估以及提供心理治療，有些心理師則可能在監獄外為更生人服務。也有許多人因為工作上的關係而在個案中擔任鑑定人的角色。然而需要注意的是，心理專業人員與精神科醫師，以及非臨床（也就是學者）與臨床心理師所做專家鑑定之間，有相當重要的差異與界限。

台灣的司法心理專業人士通常是因為個案需求而被法院所委託、聘僱。以我自己為例，是因為我專攻發展、司法與社會心理學而被法院委託擔任鑑定人。當法院需要深入瞭解被告的兒童或青少年時期發展歷程——相對於被告之行為在臨床上的意義時——法院便有可能委託發展心理學家。也有的心理學家受委託評估某些司法程序的實施是否符合最佳實務之標準，尤其是在避免冤錯案的場合。理想上，嚴重案件的心理鑑定應該要由涵蓋相關心理領域的跨領域專業人士所組成的團隊來負責，這也是我們目前正在努力的方向。然而當下台灣的困境在於這個領域的專家過於稀少，許多心理專業人士不願接觸與人性黑暗面相關的工作，畢竟縱使是像本書作者這種每天接觸的專家都可能因此受到負面影響，甚或不幸留下心理創傷。此外，比起從事其他工作的心理師，司法心理師還可能面臨人身安全的問題，例如本書作者便曾經遭到跟蹤騷擾。

本書中的每個故事再再顯示了儘管對司法心理專業人士而言，維持中立客觀有多麼重要，但實際上這又有多麼困難，畢竟心理師就跟我們嘗試去瞭解的罪犯一樣，仍然是人類。司法心理專業人士一邊需要保持專業距離，一邊又要用足夠真摯的態度去接觸罪犯。心理師也會變得情緒化、對欺凌弱勢的罪犯感到憤怒、對犯罪中的殘忍與無情感到恐怖，人性的黑暗面同樣令我們感到不安、害怕。這些情緒也可能使我們將被告描繪成一個需要被永久隔離、甚至處死刑的存在；這點大概會讓輿論振奮不已。但作為心理專業人員，我們必須要幫助法院盡可能客觀地理解被告，也就是盡我們所能的為法院呈現這個人的每一個面向，不論是好的壞的、從最良善的那一面到令人髮指之處，亦不論外在壓力有多強。對提供治療的人而言，他們都必須屏棄內心對受刑人的憤怒與噁心感。作為鑑定人有時難免會收到惡意信件，但作為心理專業人士同時也可以理解與接受，人們對於傳達被告並沒有那麼邪惡的資訊會感到憤怒不平。大眾無法原諒或同理兒童殺人犯是可以理解的，我們也知道為何人們會汙名化精神疾病患者或對其抱持偏見。但儘管如此，我們還是必須同理、瞭解，否則我們作為心理專業人士是失格的。

本書的英文版書名是 The dark side of the mind（人性的黑暗面），許多人可能會以為書名指涉的是司法心理師所研究的罪犯的黑暗，但難道心理師或是我們周遭的任何人就沒有那一面？司法心理師看到的是因為觸法而進入司法程序者的精神世界，但司法程序之外難道就沒有黑暗？我們所有人的心底都有陰暗之處，只不過有些人因為諸如貧窮或負面環境的影響而變得更加黑暗；有的人生來就有智能障礙，所以他們比起一般人必須更加費力地去瞭解對與錯、合法與非法之間的差異；有的人有精神方面的問題，就像我們的身體也可能生病。

所有的殺人者都有精神疾病嗎？當然不。那所有的精神病患都殺人嗎？當然也不。我們鑑定的行為人都像是電影中冷血的心理變態，為了好玩而施虐殺戮嗎？當然有的被告是如此，但這類的殺人者可謂少之又少。就像作者所指出的，司法心理師看待罪犯的角度與監獄官可謂天差地遠。心理學的訓練讓我們懂得詢問人類行為背後的動機、相信改變是可能的，並且學習如何深入挖掘以發現可能協助人們改變的方法。但就如同作者所分享的，幫助罪犯改變需要理解以及整體社會的合作，從監獄官、更生機構到地方社區皆然。人類的精神是複雜且可能犯錯的，每一個人都無法從社會中獨立。從本書分享的故事中，我們可以清楚地發現沒有一套所有人都適合的評估與治療方法。意識到每一個人都無法離群索居，而且不要汙名化精神疾患，是非常重要的。在第五章中，作者提到了一位思覺失調患者希望可以被拘束起來，這樣他才能夠被其他人觸碰。著名的台劇《我們與惡的距離》中提到對精神病患而言，與家庭保持連結十分重要，尤其家庭在台灣文化中又是有獨特重要性的場所。

在司法心理學領域，我們十分強調在個人、團體、乃至系統的層級下去理解、預防犯罪。司法心理專業人士將這些議題攤在眾人目光下，一方面幫助司法系統理解觸法的個人；一方面為了給予那些遭逢困頓但仍在奮力掙扎以擺脫犯罪的人更多希望，因此與社會溝通有什麼是我們可以做的。人性的黑暗與社會的黑暗是一體兩面的，本書在字裡行間不斷傳達這些訊息：我們應當給予更多關注，我們應該要在乎，我們應該要傾聽。最後僅以 Kerry Daynes 所言共勉之：There is no them and us, it is just us.（沒有他們跟我們，就只有我們。）

本文作者為台大心理系副教授

目錄

第四章
裝病的人
103

為什麼犯人要裝病？主要誘因顯然在於，如此一來他們就不用為某些讓人羞愧的問題找答案，對犯下亨特利這種重罪的人來說更是如此。若被視為法律上的精神異常，首先就能逃脫法律的嚴厲制裁，也不用被關起來。

108 ·裝病確實充滿吸引力
114 ·有沒有答辯能力
120 ·如果你被認為是精神異常的

第五章
巫醫與洗腦者
125

如果我們對那些做出奇怪行為的人，或者令人難以理解的人，能夠像馬庫斯當時在精神健康意識小組那樣被對待，將他們看作是飽受折磨的人，而非抹上疾病的汙名，我們是否會更願意也更有能力對他們伸出援手？而像雷蒙那樣的悲劇是否就更容易避免呢？

130 ·我們只會看到可怕的故事
133 ·他不只說話大聲，還是個黑人
138 ·精神的痛苦也是一種疾病

第六章 裝腔作勢 151

在這樣的調查中，資源很有限，畢竟那不是重要或高度受關注的案件。事實上，一個老人在家裡被殺，很快就不在媒體的雷達掃描範圍內。若沒有任何新發現可以開啟新的偵查程序，這個案子就像他們說的，會冷掉。

- 犯罪剖繪 153
- 建立犯罪事實 156
- 拼湊完整的犯罪圖像 161
- 身體的反應不會說謊 168

第七章 侮辱與傷害 177

她對這些事件建構出自己的版本，讓她可以好過一些。我能理解她用這樣的方式接納兒子所做的事。雖然大腦受損可以解釋他為何無法思考自己行為的後果，也就是硬體問題造成執行的程式出差錯，但我相信除了做錯事、犯了罪，他原本還可以有很多其他選擇。

- 刑罰體系與格格不入的受刑人 182
- 蒐集個案的各種資料 189
- 他的大腦秀逗了 193

第八章
一個男人的世界
199

我曾問過他在攻擊女友時，心裡有何感覺。他說不知道自己當時想些什麼，只覺得很生氣，而且必須阻止她，不能讓她嘲笑他、看扁他、羞辱他。他陷入「發狂」的情緒，但他說後來自己平靜下來。討回公道的欲望已經獲得滿足。

202 ·這個人很氣我，原因只有他自己知道
210 ·跟蹤騷擾風險評估
213 ·精神變態評量
217 ·拒絕會激起他們的怒火
223 ·一種根深柢固的流行病

第九章
斷指案
229

我知道自己的客觀性受到影響，對一個司法心理師來說，那是很嚴重的事；一個走鋼索的人如果亂了腳步，就不知能否繼續走下去。雖然我可能還沒準備好大聲說出來，但我對自己的職涯以及未來走向有了懷疑。我不禁思考：我的存在是否真的有意義？我究竟想做什麼？

232 ·凝視人心的黑暗深淵
237 ·披著浪漫外衣的悲劇

第十章 安全與健康 245

一個人要有力量繼續往前走下去，他必須能夠為自己描繪更好的將來，一個可以達成的目標，而且比現在的生活狀況更好。作為病患治療上的夥伴，心理師只能真實地向他們呈現那種生活的可能樣貌。你必須打著光，陪他們踽踽前行，走到隧道的盡頭。

- 情愛妄想症 347
- 你怎麼知道自己有沒有變好？ 250
- 醫院烏托邦 255
- 美好生活的可能樣貌 262

第十一章 部分的總和 267

這個制度的每個面向都壞掉了。而在這個矩陣裡的每一個點，加害者與被害者、富人與窮人、男人與女人、黑人與白人，不論怎麼看，都有顯著的不平等與失能之處。從犯罪發生到提出解決方案，每個層面都有制度失能。我必須再度問自己，我是否已成了問題的一部分？

本書故事是我作為一個司法心理師的回憶、經驗與人生。當中的人名與可辨識的細節已做改動，以保護無辜者與犯罪者的隱私。更重要的，保護我自己。我待在法院裡的時間已經夠久了。

當你凝視深淵，深淵也凝視著你。

——尼采 Friedrich Nietzsche

序

有時候是你幫助病患把事情看得更清楚，有時候反而是他們讓你看得更透澈。

八十多歲的莫里斯又高又瘦，因為嚴重關節炎而身形佝僂，遠看像棵彎曲多節的老山楂樹。他把自己打扮得像西蒙・高威爾（Simon Cowell）[1]，高腰褲配上緊身白T。他有一眼是玻璃製的義眼，眼神失焦讓整個人看起來更不協調。

他不在我的檔案資料裡，但他是我最近開始服務的一家精神病院的長住病患。那家醫院位處衰頹北方小鎮的郊區，座落在一排破舊公宅的盡頭，看起來就像海砂屋。

除非你曾經被關在高度戒護的精神病院裡，否則很難瞭解這些地方跟老舊監獄有什麼差別。這兩種機構對待住客的方式大不相同。監獄服刑是採高壓管理的策略，目的是為了保護公眾安全；而在高度戒護的精神病院，如同我服務的這個單位，採取的方法則是盡可能降低限制，更偏向合作性質，不只是收容，還提供

1.編按：英國知名唱片製作人、電視製作人、電視選秀節目毒舌評審。

積極照護。不過這裡的病患跟囚犯一樣是不自由的，他們被認為會傷害自己，或者更可能的是會傷害別人。由於院內規畫成像住宅般一個個小區域，還有共用的起居室，所以常常可以看到工作人員跟病患一起用餐。

我通常會在週二與週四中午過去莫里斯住的那個樓層，與米爾頓房（Milton Ward）的住客共度午餐時光。

莫里斯的精神報告提及他深受「性虐待症」（sexual sadism disorder）所苦。我清楚明白「苦」這個字的諷刺意味。性虐待症患者會從另一個人所受的痛苦、羞辱、悲傷或折磨中感受到強烈的性快感。這不同於那些穿著乳膠緊身衣扮成奴隸與主人，做出打屁股、甚或更讓人難為情的滑稽動作的案例。唯有當一個人是基於衝動而做出非合意的行為，性虐待才會被認為是一種精神失調。所以這裡的問題在於：到底是誰受苦？

莫里斯喜歡潛伏在暗處，遇上沒有戒備的女性，他就會突然暴露他的私處。而她們表現出來的驚恐與害怕，正是讓莫里斯產生愉悅與性快感的來源。沉迷於這種低成本的快感，讓他年紀輕輕就進了監牢，但不意外的是，坐牢無法讓他改掉惡習。出獄之後他依舊墮落，情況嚴重到有兩個女人死在他家，死者身上有多處深度各異的刺傷，傷口主要集中在胸部周圍。顯然是性虐待造成的意外。最終莫里斯被送進高度戒護的精神病院，他不能再到處亂跑。永遠不能。

某個週二，我正在院內吃午餐，莫里斯從我背後走近，幾乎是一瞬間的事，他的假眼球從眼窩裡掉出來，剛好就掉進我的番茄濃湯裡。我還搞不清楚發生什麼事的時候，全身已經濺滿紅色湯汁，湯也打翻了。

當時我才二十四歲，經驗不足，情緒突然失控，給了莫里斯他想要的反應：我驚聲尖叫，從椅子上跳起來，一臉慘白。誰看到自己的湯裡冒出一顆眼球時，不會被嚇呆呢？

我之前就知道莫里斯戴著義眼，但是當你突然看到一顆眼球在你的湯裡游啊游時，你的大腦會直覺以為那是一顆真的眼珠子。尖叫聲落地之後，理性回來了，我明白那不過就是顆很大的玻璃珠。

我瞥向他的臉。原本應該有眼球的地方成了一個窟窿，另一隻健在的眼睛則盯著我，端詳我的反應。隨後他就被一名男護士帶走，嘴角還掛著一抹竊笑。我有點懊惱，竟然栽在一個老傢伙手上。

這個例子就是所謂的「犯罪等價行為」（offence paralleling behaviour）——一個人做出在形態上類似於原本的犯罪或與犯罪具有相同功能的行為。對莫里斯來說，透過突然暴露特定的身體部位，成功地對身旁女性製造出恐懼與噁心，具有與闖入醫院禁區一樣的犯罪快感。

那天掉入莫里斯的陷阱讓我覺得很難堪，但是這段遭遇讓我對我所投身的專業領域有更深的體悟。我們要怎麼處理像莫里斯這樣的難題呢？他的複雜之處，以及我與他的交手之道，正是司法心理學（forensic psychology）[2]的日常挑戰。

有人可能認為對付莫里斯的辦法很簡單，只要拿走他的假眼球就好，果真如此嗎？但我可不是這個故事中的虐待狂，我無權也不想處罰或羞辱我的案主或當事人。況且拿走眼球並不能解決根本的問題，也就是他需要製造驚嚇以及從中得到性滿足。如果我們拿走他的玻璃眼球，他的衝動只會尋找其他的出路。也別忘了，拿走某個人身體的一部分，即使是義肢，都會引起相當麻煩的人權問題。

2. 編按：又稱法庭心理學，已正式成為心理學的一個分支，主要指將心理學的方法和原則適用到司法審判中。

可能有人會說，與莫里斯同在一個屋子裡吃飯就是自找麻煩。哪個正常人會跟被判有罪的性侵犯一起吃午餐，還說沒料到會被對方給盯上？但這是把責任推給被害者（在這個案子裡就是我），說我應該改變行為模式，找別的地方吃東西。更不用說，我的工作就是要幫助像莫里斯這樣的人改變他們的行為。此外，阻絕問題發生所需的條件（對莫里斯來說，就是接近女人的機會），未必能杜絕問題，反而可能會讓問題變得更頑強。

如果他拿棍子或石頭可能會打斷我的骨頭，但一顆眼珠掉進我的湯裡，最糟也就是被噎到吧。那天的經驗提醒我，要消除這個環境中任何令人不快的行為，最有效也最安全的方法，就是不予理會。每個家有幼兒的爸媽都能證實這一點，那是最基本的行為技巧。（行為主義者是先天與後天之辯中的極端。他們主張每個人生來都像張白紙，之所以會做什麼事都是從別人那裡學來的，而是否繼續那樣的行為則取決於被獎勵或懲罰的程度。）而每個家長也都會承認，不要被孩子的行為影響了自己的反應，往往是最難做到的事。

隨著莫里斯被帶離開現場，我的心跳逐漸緩和下來。我知道如果我要繼續從事這一行，以及如果我希望能夠找到處理個案問題的最佳方式，我就必須學習控制自己的情緒反應。我必須管理好自己對這種干擾行為的厭惡，哪怕那是健康且自動的反應。我可能必須若無其事把眼球推到一旁，繼續喝我的湯。

在我擔任司法心理師二十年的生涯中，與莫里斯共度午餐不過是眾多特殊經驗之一。我的工作常常必須面對這個社會上最麻煩也最會製造麻煩的人，無論是在監獄、醫院、法院、警察局，抑或在鄰里社區。這些經驗改變了我和我看待這個世界的方式。

有時候我被稱為犯罪心理學家，聽起來好像是黑手黨的手下；事實上，我跟犯罪學沒什麼關係，那個學科專門研究犯罪趨勢與犯罪預防。此外，有些事是我不會做的，包括偵查工作（我不會把嫌犯壓制在地）與病理學（我不會解剖屍體，雖然曾經有個連續殺人犯表演給我看如何將火雞大卸八塊）。

所有犯罪都是由人所犯下的，對象也是人，而司法心理學就是關於那些人。

我的工作有很大部分是想辦法減少犯罪者再犯，最終目的則是讓社會變得更安全。要達成此一目的，我必須運用心理學的科學方法去瞭解犯罪行為背後的心理過程。我的挑戰是如何一步步協助犯罪者改變行為，開啟新的生命可能，成為一個守法的公民。這是終極目標，也是理想之境。然而，我更常做的是建議人們如何安全又適當地回應各式各樣的極端行為，從縱火到殺害兒童都有。我的評估分析、鑑定與證詞可供法官與陪審團、假釋委員會、警方與精神醫療團隊作為判斷時的參考依據，而他們的決定對許多人的人生具有深遠影響。

這種介於刑事司法與精神醫療制度之間的角色很不容易。這兩個體系又老又不好相處，負荷過重又先天不良，湊在一起像對怨偶，彷彿羅爾德．達爾（Roald Dahl）小說《巧克力冒險工廠》（*Charlie and the Chocolate Factory*）裡那對老爺爺與老奶奶，被迫擠在一張床上，行動緩慢又無法擺脫困境。

我喜歡稱工作上要面對的那些人是「客戶」。聽起來有點不順耳，好像我是個美甲師，而不是司法心理師，但這麼稱呼更政治正確，對於我會接觸到的各種人也是一種尊重。有個無可迴避的事實，那就是我大部分的客戶都是男性，當然偶爾也有女性。我輔導處理的對象有受害者，也有加害者。但最終我往往會發現，在他們的人生當中，既曾是加害者，也曾是受害者。

人類始終病態地著迷於犯罪，從開膛手傑克的種種理論，到史蒂芬・艾弗里（Steven Avery）的爭議性定罪[3]，特別是那些侵犯社會最神聖價值，以及犯下所有人無法理解的血腥暴力與性犯罪的人。對於我們這些循規蹈矩的人，再沒有比那些選擇打破規則的人更令人好奇也更令人痛恨的。因此，也許不讓人意外的，我們的新聞與娛樂頻道總是充斥著犯罪的故事，很難想像我們對犯罪的口味會有淡化的一天。

但這些犯罪故事經常只聚焦在大敘事中的小篇章。它們告訴我們已經犯下的罪行、後續的偵查、乃至於審判，以及定罪與量刑。而之後的事情就很少人討論

3.編按：威斯康辛州人，因性侵案而被定罪並入監服刑十八年，後經DNA分析顯示嫌犯另有他人，於二〇〇三年獲釋。

了，好像犯人以及他們的犯行都化做一縷輕煙消失了。但他們還活著啊，至少他們的家人或被害人可能還活著。他們必須學習如何繼續活下去。司法心理師可以在故事的任何階段進入，但實務上進入的時間經常是在法庭程序已經結束，媒體與社會大眾的興趣已經消散之後，我們才變成主要的敘事者。

在這裡我要敘說的故事，可能是你在各種報導中讀不到的。它們是我的日常工作，充滿挫折與衝突，偶爾才有讓人振奮的事實。

我選擇這些故事有許多理由，它們有些讓人心碎，有些讓人憤怒，有些則是不可思議。將這些故事串在一起的，是我對它們的感受，以及這些極端情境所帶給我們的啟示。

我比一般人更常被問到一個問題，無論是我遇到的計程車司機，或者詢問我專業意見的法官：「那些人到底哪裡有問題？」不論問得客氣與否，他們想知道的都是同一件事：那些人怎麼會犯下那麼可怕的罪行？因為一旦我們知道他們哪裡出了錯，就能修理出錯的地方，對吧？或者至少可以加以限制，減少傷害。我花了好長的時間才體悟到，其實我們都問錯了問題。

第一章

這裡有怪物

走進監獄，就可以判斷一個社會的文明程度。——杜斯妥也夫斯基 Fyodor Dostoevsky

每當我跟別人說我是司法心理師時，對方通常一臉訝異，心中盤算著如何用最不冒犯的方式告訴我，我看起來一點也不像。對大部分人來說，該角色的樣板似乎是《破綻》（*Cracker*）[1]裡，由羅比·寇特蘭（Robbie Coltrane）所扮演的那位對人世感到厭倦、酗酒好賭又我行我素的犯罪學家。他們說我太嬌小柔弱了，有時還一邊比劃著，沒敢說出口的內心話是：妳是個女的。

事實上，大多數我認識的司法心理師都是女性。英國心理學會（British Psychological Society，英國執業心理師的專業協會）的女性成員占了百分之七十三，而在司法心理學領域貢獻的女性也有八成之多。（原注1）為什麼有這麼多X染色體？我不能代表其他兩千零三十五人發言，但心理學令我著迷，因為它提供了一種理解事情的方法，還有各種瞭解這個複雜世界的模型與理論。有了這樣的使用手冊，好像就能保障身心安全。此外，心理學向來讓人神往，因為它可以窺探別人內心的祕密。這對年輕時的我來說充滿吸引力。

坦白說，我會走上這條路是被一位法律系學生給打動的，我永遠記得他的名字：史蒂芬·英格里許（Stephen P. English）。我在雪菲爾大學（Sheffield

1.編按：英國知名警探劇，是一系列迷你電視影集。

University）攻讀心理學學位時輔修法律課程，那是大學新鮮人的衝動，更是荷爾蒙與便宜酒精的影響。我去上法律課程純粹只是為了可以在大講堂裡盯著他的後腦杓看，想像他名字中間那個P代表什麼，完美（perfection）嗎？胸飾（pectorals）？或許吧。

後來我意外發現自己竟然還滿喜歡法律的，所以司法心理學（forensic 這個字在拉丁文的意思是 *of the forum*，也就是法院）似乎是行得通的職涯選擇。但快樂結局只會出現在童話裡，我始終鼓不起勇氣跟英格里許說話，最後我整個大學生涯只跟一位較年長的博士生交往。他留著一頭黑色捲髮，穿著長版騎士外套，如果是下雨天（雪菲爾老是下雨），他還會戴上一頂寬沿帽。他會瀟灑地走進學生餐廳，就像克林伊斯威特走進酒吧那樣。他常常喝酒喝到茫，然後感傷地說：「這世界沒有正義，只有義氣。」我搞不清楚他在說什麼，我懷疑他自己也搞不清楚。

我還是小女孩時，週六夜晚常待在祖母家，看著她那臺黑白電視機裡播放義大利式西部片。祖母是典型的愛爾蘭天主教女性，總是想辦法讓自己看起來比實際年齡還要老上五十歲：電棒捲、深色染髮、聚酯絲製洋裝和塑膠遮陽帽。她在曼徹斯特一家優格工廠工作，制服包括一雙綠色雨靴，所以我們全家人都有了綠色的優格工廠雨鞋。我們會坐著一起看牛仔電影，或者任何有約翰・韋恩（John Wayne）的影片。她最喜歡浪漫喜劇《蓬門今始為君開》（*The Quiet Man*）。我也喜歡，因為瑪琳・奧哈拉（Maureen O'Hara）是我唯一見過的紅髮女星；要到很久之後，紅髮才流行起來。那是只有祖母、我和叔公那隻黃色金絲雀共享的時光。而電影裡那些幹了壞事的人彷彿是從不同星球來的，跟我們是完全不同的人。

那些電影不斷灌輸我善惡勢不兩立、好人終會獲勝的觀念。很幸運的我成長過程一路平安順遂，沒有任何壞事影響我和我的家人，或我所認識的人。青少年時期，最接近真實犯罪的經驗就是聽同學警告說公園裡有暴露狂，或者偶爾聽聞鄰居家遭小偷。直到上了大學，懵懂聊著法律和秩序時，才對犯罪故事產生興趣。

危險事物並不是都看得到的

我在一九九二到九五年間就讀大學，當時法律與秩序已經成為政治標竿。一九九三年二月，才兩歲的詹姆斯．巴傑爾（James Bulger）被羅伯特．湯普遜（Robert Thompson）與喬恩．維納布爾斯（Jon Venables）虐待並謀殺。全國民眾看著小詹姆斯牽著其中一位嫌犯的手被帶離購物中心的監視錄影畫面，驚恐與憤怒情緒沸騰。隨著新聞全面的口誅筆伐（毫不寬貸，尤其是對十歲的殺人凶手），兩大黨都看到機會，可以藉由對犯罪採取強硬姿態來贏得選票。

儘管小學生殺人的事件極其罕見，當時在野黨的影子內閣內政大臣東尼．布萊爾（Tony Blair）宣稱，這個案子象徵在保守黨統治下，國家的道德良知「淪喪」，同時啟動工黨的「嚴厲打擊犯罪」政策。殺害詹姆斯的凶手被逮捕後，當時的首相約翰．梅傑（John Major）呼籲社會應該「多一些譴責，少一些理解」。也是從那時候開始，囚犯人數激增，在我整個職涯裡幾乎成長了兩倍，從一九九二年大約是四萬四千人，到二〇一八年則約八萬七千人。（原注2）

在英國，監獄是司法心理師最大的雇主，所以我很早就知道我需要有些獄裡的經驗。監獄心理師會進行許多有關犯罪行為的計畫，目的是要改變犯罪者的思想，減少出獄後再犯的風險。這些由公共支出數百萬英鎊資助的方案，是對犯罪採取強硬立場的做法之一，也被認為應該是有效的。而對我來說，監獄不只是為了懲罰或嚇阻，還必須有更生與改造，我準備好捲起袖子參與其中。我曾自願參加被害人與加害者的調解計畫（至多只是讓雙方停止互相攻擊），也接受訓練成為「適當成年陪同者」（appropriate adult）[2]，可以坐在警察局裡與弱勢嫌犯談話，通常是年紀輕輕、有學習障礙或精神疾患而惹麻煩的嫌犯。當時我不知道自己也會因此受益。

曼徹斯特皇家監獄（HMP Manchester）是在暴動之後改名的，原名是史全奇威（Strangeways），那是我第一個踏進的監獄，雖然只在裡面待了很短的時間。那時我才滿二十歲，與監獄心理師有一場簡短的職業對談，接著他們安排我去參觀E棟與F棟，那裡有牢房也有教室。有個獄警完全無意掩飾他是被迫來幹這份苦差事的，帶著我腳步匆匆走過E棟的「二樓」，那裡牆面白得發亮，還有藍色

2. 編按：英國體制中一種特殊的工作，通常指經過訓練的社工人員，以公正第三方的角色參與警方訊問過程，協助未成年人或是弱勢成人。

的金屬門和柵欄。監獄裡沒有什麼自然光，氣味有點像我住過的學生宿舍。我快速跟著陪同的獄警經過一間間牢房，微笑看著裡頭的囚犯，他們穿著千篇一律的灰色長袖，在千篇一律的白色牢房裡走來走去。突然間蹦出「喵」一聲尖叫，接著就像在維多利亞式地窖裡傳來一陣墨西哥人浪。我問獄警為什麼他們發出貓叫聲，他只是翻了個白眼。（意思是，有個女的來了。）

韋克菲爾德皇家監獄（HMP Wakefield）的氣氛相較之下沒那麼活潑。

那是一九九六年的夏天，我離開大學已經一年了，而我真的很想成為司法心理師。我寫信到北區巡迴法院（northern circuit）轄下的每一所監獄，說我自願去服務。韋克菲爾德監獄（被囚犯稱作是約克郡最噁心的地方）是唯一有回應的。他們給我一個專案，沒有薪水，但我不在乎。我一心想要靠自己的力量降低犯罪率，而且這個機會可以為我的履歷增加實際的工作經驗。我還有每週三十六英鎊的收入補助，如果去上就業中心推銷的就業訓練課程，還可以再多十英鎊。我到賣場買了新套裝，也在中式外帶小吃店樓上找到廉價的分租房間。我準備上場了。

平均來說，韋克菲爾德的受刑人比曼徹斯特監獄裡那些愛吵鬧的囚犯老得多，而且大都是服長刑期的。你進去的時候，他們根本懶得對你吼叫，大部分獄囚也沒那個膽，那裡的控管很嚴。所謂控管很嚴是針對A類與B類囚犯，前者需要警衛戒護，因為如果他們逃亡的話，對社會大眾或國家安全都具有高度危險；後者的危險程度稍低，但你也絕不會想讓他們逃走的。英國所有受刑人裡約有百分之十是因為性犯罪而入獄；在韋克菲爾德監獄，這個比例更高，他們當中很多人是聲名狼藉、受公眾唾棄的罪犯。因此記者特別喜歡這個地方，它被媒體戲稱為「怪物之家」(Monster Mansion)。

孩提時期我很怕所謂的怪物。有天晚上我爸讓我看《黑湖妖潭》(*Creature from the Black Lagoon*)；一九七〇年代，我吸收文化的途徑都來自電視。當時我媽在精神病院上夜班，所以她不在場無法阻止這個錯誤決定。我不曉得為什麼我爸認為我會喜歡那種節目，之前我才看外星人的介紹十分鐘就被嚇得魂飛魄散了，那種步履蹣跚的小黑人讓我全身起雞皮疙瘩。《黑湖妖潭》節目進行三分鐘，我的恐懼感逐漸升起，螢幕裡一隻長著鱗片的手從水中浮出，然後又緩緩下沉，泥上留下了爪印。不知為何，我覺得不知道那隻手連接到什麼樣的身體，比看得到的真實生物更讓人害怕。或許從那時候開始，我便懷疑危險事物並不是都看得到的。

區別「他們和我們」

韋克菲爾德從十六世紀開始就有監獄，目前保留下來的建築大部分都是維多利亞時代的。長長的廊道上設計了一間間囚房，層層架構，由中央的控制樞紐向外輻射，就像一個破掉的錶盤（畢竟坐牢就是殺時間）。像這樣的放射狀設計，是受到十八世紀英國哲學家邊沁（Jeremy Bentham）「全景監獄」（panopticon）理論所影響。他的想法是，這種設計只要一個監督者站在中心位置，就能夠輕易看到每個牢房的動靜。囚犯會感受到持續被監視的壓力，因此調整他們的行為。當然，實際上我們都知道不可能同時看管所有人，而且要幹壞事的話，最重要的是時機。我還在那裡工作時，A棟牢房的外牆常有死掉的鴿子旋轉墜地。囚犯會從破損多年的洞口餵食鴿子，一旦鴿子太靠近，他們就一把將牠抓起來折斷脖子，再算準某個工作人員會經過時，將不幸的鳥兒往下丟。

韋克菲爾德監獄的心理團隊希望我做做跑腿的工作，訪談性侵並殺害女性受害者的犯人。研究目的是要找出侵害行為如何升高變成殺害行為，以及讓一個強暴犯變成殺人犯的可能原因。我的任務是蒐集可分析的資訊，整理出性侵犯的動機類型：是為了補償性功能障礙？憤怒？尋求力量與控制感？性虐待狂？或者只是剛好有機會？這些資訊可以用來研擬準則，供受害的女性運用。我們的想法是，在受害者掙扎著不被壓制身心時，可以利用這套方法迅速辨識攻擊者的動機，調整行為以避免被殺害。

讓人訝異的是，他們竟然認為一個未受訓練又無經驗的新鮮人適合做這樣的專案。更奇怪的是，有人認為這個研究可行——它顯然暗示了攻擊行為的嚴重程度要歸咎於被害人，而不是惡意的攻擊者。我可以想像宣傳單上會怎麼寫：「女人啊，別因為可悲的無知害自己被殺了！我們向來建議您避免落入暴力，但如果您真的不幸遇上了，請照著這本自助手冊做吧。」

我進入那裡的第一週，在專案真正開始之前，接受了給監所新進員工的標準訓練，內容包括參觀與討論，大部分都是很普通的程序，例如介紹廁所位置、消防演習時怎麼做，以及如何攜帶鑰匙：牢牢地用個鍊子綁在皮帶上，最好放在小袋子裡，如果在囚犯的視線範圍內，要用手掌遮住開鎖的動作。在那一整週，不管我跟誰在一起，不管我看到了什麼，我聽到的都是韋克菲爾德的規矩。那就像是校訓，每個人都覺得光榮而必須遵守的方法。但那不是面對艱難情況的勇氣或膽識，而是嚴守一個簡單的基本前提，也就是我一再被提醒的：分清楚「他們和我們」。

每個人似乎都同意也積極維持的，是一種虛假的道德戰爭。一邊是囚犯，邪惡的勢力，應該受到譴責並加以征服；另一邊是獄吏，是神聖且無可質疑的。這種設定讓人安心，反映出最簡單的二分法：好人與壞人。我從小跟祖母一起看的電影就是這樣分的。實際上，這絕不是一種能帶來和平的安排，今日另一種相對的安排被稱為「動態的」或「關係上的安全」（relational security），讓彼此能和睦相處。無論如何，監獄管理人員與囚犯之間的緊張態勢很明顯，關係也很難有多好。就在我到那所監獄的一週之前，有個獄警早晨巡查時忘了鎖門，被一個囚犯持刀襲擊，他是用膠布將刀片固定在牙刷上。

若你期待囚犯能夠改過向善，或者認為過犯並非無可彌補、錯誤可以一筆勾銷，你就是個選錯邊的叛徒。有個獄警認真警告我，這裡的心理師全是被誤導、妄想改善社會的人。喔，而且還是女同性戀。

但當時我熱切地想要發展職涯，沒有顧慮太多。他們給我一份名單，上面有囚犯的姓名與編號，所犯的罪都是強暴、性侵或殺害女性。我還拿到一份問卷，列出各式各樣對女性的性攻擊與暴力行為，包括像是挖出內臟等我聞所未聞、更不曾想到的暴行。我必須逐項問犯人是否做過這個或那個，如果得到肯定的答案，我還必須問他們被害人是怎麼反應，以及如果被害者做出其他反應會如何。

問卷很長，每次訪談要花一個半小時，而且問任何男人、尤其是那些被定罪的囚犯如此直白的問題，誰都難以啟齒。每當我完成問卷後往往滿臉漲紅，我只能盡力把心理師的角色擺在女性的身分之前（這是一位主管給我的模稜兩可又語焉不詳的建議）。

有些訪談特別困難。有個囚犯告訴我，如果被他強暴的女人連反抗都不反抗，他會憤怒地咬掉她的乳頭，因為他認為這表示她享受被侵犯的過程，簡直是個淫婦。但根據調查顯示，至少有百分之七十的被強暴者會因為驚嚇過度而毫無反應。（原注3）倘若那時候的我像今日這樣有足夠的專業能力，我會與對方完整且坦誠地討論他的想法。但當時我不知如何應對，我常常本能地想要雙臂環胸保護自己，旋即才回過神放下雙手，將對方的回答寫下來，接著進行下一題。還有些囚犯會故意刁難，要我詳細解釋問卷中那些專業用語（「小姐，手指插入是什麼意思？」），對那些日子乏味又被剝奪性生活的囚犯來說，我的訪談必然看來更像免費的成人聊天專線。我被丟進深水裡，獨自一人與一群鯊魚游泳。

但至少我還有個腳本跟囚犯對談。與同僚的互動實際上沒有更容易。訪談進行的第二週，我走進中央辦公室請管理員給我一個防狼警報器（我只有一個原本配備的老舊警報器），那是一個難相處又滿腹牢騷的男人。他轉頭對著其他同事說：「你們覺得今天會被強暴嗎？這位小姑娘認為自己今天會出事！」接著他要我遇上危險時舉起我的鞋子，因為我那保守的低跟鞋肯定會讓囚犯瞬間冷下來。

我轉頭離開，沒有拿到警報器，腳上還穿著我的低跟鞋，眼眶泛淚。等我走到沒有人會盯著我看的地方，淚水滴了下來。

現在的我有許多建議想告訴當初在韋克菲爾德監獄裡那個二十一歲的我，其中之一是，隨時留意各種警訊。那時我太想要把事情做好，忽略了內心的疑慮。我亟欲開創事業，誤以為表現軟弱、甚或抱怨就會讓我失去工作機會。

幾週之後，有個比較好心的獄警把我帶到一旁，悄聲告訴我，我每天早上進監獄時都會被搜身檢查，表面上是要看看我有沒有攜帶危險物品，但事實上他們對其他女職員不會有這樣的檢查。或者更正確地說，除了我之外，沒有任何職員被這樣搜身。我恍然大悟。現在我們最多也只會說那是一種性騷擾，而當時我對厭女症的現象也還不夠理解，所以根本不敢戳破真相；想想在一九九〇年代的約克郡，週日下午的酒吧裡還有脫衣舞孃表演。那時候還沒有網路主題標籤（Hashtag）這種東西，更不要說 #Me too 運動了。後來如果他們還想要對我搜身，我會扮個鬼臉一笑置之，直覺告訴我對這種事情若不幽默以對，可能對我不利。

韋克菲爾德也是監獄學校（Prison Service College）所在地，那是與監獄分開的訓練機構，其中許多管理工作是世代相承的，這樣的安排似乎加深了某些人的權力感與優越感。二〇〇四年，皇家監獄總監察長的報告顯示，韋克菲爾德監獄「控制過度」，有些管理人員對囚犯很不尊重，對此我並不意外。

部分較年輕的管理者尤其把自己當王子，監獄就像是他們的城堡，他們掌管著城堡裡的每一把鑰匙。他們許多人一身古銅膚色，那是在當地日光浴沙龍裡曬出來的，監獄裡悶熱的氣候做不出這種效果。他們會利用午休時間急忙外出曬一下，回來時身體多了幾塊與其他部位不協調的深膚色。傳言他們當中有一群人會去金域酒吧（Golden Mile），那是韋克菲爾德主要的脫衣舞廳，然後他們會帶女人回監獄停車場車震，而且是在監視器拍得到的地方，這樣夜班警衛才能一起過癮。我是在離開那裡幾年後的新聞上看到這些「荒唐年代」的故事，同樣的我並不意外。事實上，我唯一的反應是自問，為什麼當時我沒有把他們的所作所為和囚犯的不軌行為等而視之。

我們都是一樣的

有些獄管員開始邀約我。我之後才知道他們打賭誰能先跟我上床。進到這個絕大多數都是男人的地方，任何女人都會帶來新鮮感，攪動一池春水。

有三個人看來贏面較大，賠率三比一，而第一個接觸我的恰好是C樓的資深獄警約翰・哈爾（John Hall）。他來找我的時候，我正在檔案室裡查閱資料，裡頭收集存放了囚犯的剪報、懲戒申請與裁決、申訴內容，以及與家人的通信等等一切相關訊息。有些檔案裡甚至還有犯罪現場的照片，這些可怕的東西本來屬於法律文件，但如果被囚犯拿來提供獄友作為自慰的素材或吹噓炫耀時，就會被監所沒收。

當時檔案還沒有數位化，都是以普通的檔案夾一排排陳列架上，每個檔案夾都用手寫上囚犯的姓氏與編號。拜韋克菲爾德惡名昭彰的獄友所賜，包括查理斯・布朗森（Charles Bronson）、愛爾蘭共和軍參謀長卡塔爾・古爾丁（Cathal Goulding）、傑瑞米・班伯（Jeremy Bamber）、麥可・山姆（Michael Sams）、柯林・愛爾蘭（Colin Ireland），[3]這裡簡直可以說是《名人錄》（*Who's Who*）與「恐怖會所」（Chamber of Horrors）的混合體。

約翰進來時，我正在閱讀柯林・愛爾蘭的檔案，對內容感到驚駭。他殺了五名男同性戀者且惡意毀屍，意圖讓警方與媒體看見他鄙視同性戀的情緒。檔案裡還有一堆信是他的仰慕者寄來的，我從未見過這樣的情況；極端、極右派的恐同者寫信稱頌他的作為，這些信被獄方攔截，收進他的檔案裡，就像是一部納粹全集。我看著這些信不禁暗忖，這些人到底有什麼毛病？

約翰搭訕的方式無甚新意。他經過檔案室時看到我在裡面又折了回來，然後坐到我旁邊。他長得高大魁武，我真的無法假裝沒看到他。他問我為什麼在這裡沉思，需不需要幫忙，或者要不要帶我逛逛韋克菲爾德，最後才問我想不想跟他出去喝一杯？我不想。我禮貌性婉拒，也覺得最好講個理由，所以我說已經有人約我出去了，而我還在考慮；但實際上沒這回事。

下一個邀我出去的獄警比我大很多，而且並非我想像會交往的對象。但當時我獨自一人在那裡，既無朋友也無親人，他那時長得還不錯，而且窮追不捨。

3.編按：查理斯・布朗森被認為是英國最暴力的囚犯，待過超過一百座監獄，在獄裡的日子超過四十年；傑瑞米・班伯為了繼承遺產而殺害家族五人；麥可・山姆是綁架犯及殺人犯；柯林・愛爾蘭為連續殺人犯，犯案對象為同性戀。

後來我在韋克菲爾德的生活告一段落。我進行的研究無聲無息被撤掉了，就像眾多專案的命運。我被指派更適當的任務，進行乏味的員工溝通調查，並執行性侵犯處遇方案的行政工作。但因為我在韋克菲爾德並未支薪，所以我同時也申請其他有給職的工作。（最後我獲得一家高度戒護精神病院的實習司法心理師職位，那是我第一份真正的工作，我很快從處理囚犯變成處理病人。）

當我的新歡告訴我，他跟同僚用大字報寫了一段話送給囚犯，「耶誕快樂，祝你們今年罪有應得」，就貼在樓梯板上，我忍不住皺起眉頭。當他輪完節禮日（Boxing Day）[4]的班，開車到我父母家要載我回韋克菲爾德時，他一邊跟我家人聊天，一邊把手放在我的膝蓋上，我知道他將這種展現所有權的肢體動作視為情感表達。但我也很快就明白，這就是控制。我錯誤地將他之前的許多行為當作是一種浪漫，或許我的潛意識還受到小時候跟祖母一起看的那些電影所影響，痴迷於約翰·韋恩在風中拉著奧哈拉狂暴地親吻她，即便她顯然使盡全力想要掙脫他。

4.譯按：英國假日，在聖誕節隔天十二月二十六日。

二〇〇六年約翰・哈爾被逮捕了，他認罪並被判處無期徒刑。我離開那裡過了八年，他在韋克菲爾德已經升上高階獄警，但連同我在那裡服務的期間，他總共強暴了四名女性，包括一名同事。其中一位女性求他停止，他卻用力摑打她的臉造成她下巴脫臼。他綁架並性侵三個女性受害者，最小的只有十二歲。他把她們騙上車載到廢棄的屋舍，鎖起門，用力扯掉她們的衣服、摸她們身體，然後在她們面前自慰。被捕之後，警方發現他的電腦裡還有侵害幼童的照片。約翰做這些攻擊行為時，還會秀出他的證件並穿著獄警的制服。我從非正式管道得知，同僚們對於他被逮捕顯然極度震驚。這讓人想起一句俗諺：「溫水煮青蛙。」或許在韋克菲爾德監獄時，我們都是溫水裡的青蛙，對危險習而不察。只是有些青蛙顯然更可怕。

危險的人不會告訴你他很危險。實際上他們形形色色，有的可能在監獄裡，有的在街上巡邏。他們可能有家庭也有工作，有權威也受信任。他們可能是你認識的人。但我們的社會對於犯罪者有刻板印象，我們將那樣的形象內化並隨身攜帶——他們是我們的反面，我們是好人。而當我們以這種方法在心理上將自己與他們區隔開來，將他們非人化，把他們視為怪物，由此可能產生各種結果，其中之一就是我們看不到危險就在我們身邊。

實際情況是，我們無法輕易區別他們與我們。根本沒有他們與我們。我們都是一樣的。

第二章

大男孩別哭

如果我們無法跟別人說自己的故事，就說給自己聽吧。

——史蒂芬・格羅茲 Stephen Grosz，《說不出的故事，最想被聽見》（*The Examined Life*）

派崔克入獄前不久，才試圖用一把獵槍自殺，但沒瞄準腦袋，卻轟掉了自己的大半張左臉。那天早上他走進會談室的情景依舊栩栩如生，看到他的外貌我難掩震驚。他的左耳垂、下巴的一角、大部分的左臉頰都不見了，只剩下坑坑疤疤與腫塊。他另一邊的臉也毀了，幾乎糊成一片，右眼混濁不清。幸好他帶了一些他的畫要給我看，適時轉移焦點。我們花了一些時間看畫，客氣地討論他的作品，讓彼此都能逐漸適應這尷尬的情境。訪談的目的是要評估派崔克是否還有自殺的意圖。

那時候我結束韋克菲爾德的研究已經過了好幾年，再度踏入監獄裡，是在某個B級監獄的醫療單位擔任代班心理師。大部分的監獄都有醫療單位，生病或受傷的囚犯會接受監獄護士的看管照護，如果他們幸運的話也會遇到訪視的醫生。但我可以毫不誇張地說，那些單位大概只是堆放人類苦難的倉庫。任何時候都會有很多囚犯身體不適，有些已經病危，有些則是被別人或自己給弄成重傷，可能是因為爛醉或過於亢奮，或因為嚴重的毒癮戒斷症狀。那裡的人身心狀態都處於低谷，甚至連那裡的氣味都讓人絕望，混雜了消毒水、汗水、嘔吐物，以及各種想得到的人體排泄物。聲音也同樣讓人困擾。在監獄裡，一般會聽到的是談話、活動與廣播等背景噪音；但在監獄的醫務室裡，更常是一片不祥的靜默，間有急促的刺耳聲、喊叫聲、碰撞聲、警鈴聲，或者門被關上的聲音。所見所聞讓人惶惶不安，除非你早已習慣。而那時的我已經習慣了。

我到的第二天，一位工作人員帶我去會談室，他是負責門禁與訪客控管的雜工，一個胖胖凸肚的男人，留著鬍鬚，很適合扮演聖誕老公公。顯然他很高興看到訪客，一路上講個不停，興高采烈地解釋說他大部分的同事都因為壓力大而生病，或者被犯人揍到無法工作。

一種真實的絕望感

我們經過安全室，在多數監獄醫療單位都可以看到這樣的空間，以閘門阻隔，以便隨時觀察裡頭的囚犯。安全室裡沒有尖銳的東西，也沒有任何可以讓人上吊的物品。我瞄到裡頭的犯人不時朝我揮手，我點頭示意。那位員工表示，那名犯人三天前才被送到急診，因為他又弄開腹股溝上自殘的舊傷口，然後用骯髒的廁所紙蓋住，結果又被感染。獄方護送他到急診室，一路上獄警都跟犯人銬在一塊兒，顯然認為他只是妄想出去透透風，或者拿一些不用自己花錢的鴉片，所以他們要求醫護在清洗與縫合傷口時不要給犯人任何止痛劑。犯人因為傷口縫線的痛苦而猛烈搖晃，直接把獄警的肩膀拉得脫臼。這位愛八掛的男士跟我說著這段故事，彷彿是什麼奇聞逸事，但當他看到我一臉鐵青時，熱情也隨之消散。

時值酷寒的英國冬季，冷風刺骨，我記得我穿著標準的監獄「制服」：黑色羊毛高領針織衫與長褲，大部分的工作天我都是這樣穿的。醫療室就在主樓的旁邊，主樓是一九八〇年代的建築，天花板較低，刺眼的日光燈、制式塑膠傢俱，半片牆面上還鋪著油地氈。所有房間都漆上醫院式的慘綠色，原本應該具有緩和情緒的效果，卻奇怪地讓人覺得消沉。我所在的那個小房間裡，桌子跟牆壁是鎖在一起的（所以沒辦法舉起桌子砸人），還有掛在牆上的儲熱式暖器發出轟隆的聲響。就算派崔克不想自殺了，恐怕我們兩個人繼續待在這個房裡也會被烤到沒命。

監獄員工人數不足並不讓人意外。新的嚴刑峻罰政策表示囚犯人數上升，與此同時則是大砍人事預算，而監獄空間總是嚴重供不應求。長期人滿為患，伴隨而來的環境骯髒，這就是今日監獄的寫照。我總是說，除非監獄人員有非凡的自我省察能力，否則終究會變成跟他們看管的人一樣。這裡的人手顯然不足，他們覺得無助，也就更不想好好做了。

監獄過於擁擠又人力短缺，幾乎所有的更生計畫都停擺，從而沒有工作或教育、沒有團體心理治療或諮商輔導。犯人與犯人、犯人與管理者之間都欠缺有意義的互動，鎖在牢房裡的時間更長（理論上是獨囚，但在這裡很少受刑人是住獨居房，更常是三人一室，像擠沙丁魚一樣）。身體被關起來，心也同樣被關起來了。就像諾貝爾獎得主詩人約瑟夫・布羅茨基（Joseph Brodsky）所說的：「監獄本質上是用過剩的時間來彌補不足的空間；對囚犯來說，兩者同樣折磨人。」對那些一天在密閉空間裡關上二十三小時的犯人來說，沒有任何刺激，更殘忍的是，沒有希望。在監獄裡，空氣中瀰漫著一股極真實的絕望感，那是心理上引人自殺的前兆。

在監獄裡，自殺是個大問題。監管的基本責任是讓人活著，但沒那麼簡單。在歐洲各國，英國的在監人數名列前茅，監獄自殺率也數一數二。（原注1）（在英國，直到一九六一年自殺還是違法的，但我沒遇過有誰是因為自殺而被定罪的。）在英格蘭與威爾斯，男性受刑人的自殺率是自由男性的六倍，而女性受刑人的自殺率則是自由女性的二十倍。結束自己的生命並非輕易的決定。大部分的囚犯都出現嚴重的精神問題；根據監獄改革信託基金（Prison Reform Trust）估計，比例約有七成。（原注2）有多少受刑人想要自殺，或者在這樣的情緒下掙扎，尚不可得知。但即使是短期刑（英國有半數受刑人的刑期是六個月以下），也會讓受刑人在未來更容易產生精神問題。就像逛宜家家居，你幾乎不可能空手而回。

所以只要待在監獄裡，就會真切感受到好像船快要沉了。船員唯一能做的，就是把水弄出去，想辦法讓船繼續浮著。監獄有一套程序用來監控那些被認為有自殘或自殺風險的囚犯。每日看管囚犯的護士或獄警，必須不斷填寫一些評估表單，可是監獄員工很少，有問題的囚犯這麼多，於是像我這樣的角色被引進協助大量的不確定個案。而只要個案持續存在，我對更生的崇高理念都有機會獲得事實檢驗。

對犯人來說，我就像是單人經營的臨時診所，位在一個明亮又熱呼呼的小房間裡。我的工作就是提問題、觀察並找出能預測自殺意圖的紅色警示：在外面有段關係因為入監服刑而終止？是否被霸凌、有何感受、是否計畫自殺？這些都是重要的標準問題，但顯然無法切重要點，因為就算有人想自殺，也不會隨便跟一個才剛見面的女性分享細節。況且，即使坐牢本身還不夠讓人沮喪到想自殺，把人逼向臨界點的因素往往不可勝數，各式各樣都有，所以很難指著某個因素說：「就是它！」真的很難那麼確定。

憤怒長成有毒的樹

派崔克本來住在B棟樓，獄警把他從那裡帶來見我。我只有短暫的時間可以瞄一下他的檔案。那份檔案是三週前才做好的，那時他剛剛用床單做成套索想上吊自殺，這是監獄受刑人最愛用的自殺方法。

我感覺他帶畫過來是希望我不要注意他的臉，因為他知道人們直覺上會如何反應。我很感謝他。藝術是很奇妙的共同活動，每個人都可以在牢房中專注而平和地做這件事，只要不是色情或非法的就好。他的那些畫讓我想起梵谷陷入低潮之際，厚重、隨性的筆法，描繪著不知名的男男女女，還有水果盤、綠野上的樹，以及似曾相識的海岸線。都是些插畫常見的主題，隨性塗抹、半抽象，站遠一點更好對焦。他告訴我他是用左手畫的，雖然他是右撇子，但他右手的食指、中指、無名指都沒了。我好奇他到底發生了什麼事，但我還是沒問。欣賞完這些畫之後，我把畫擺靠在後方的牆邊，繼續進行鑑定訪談。

他木訥寡言，我幾乎可以猜到他要說什麼。他只專注回答問題，不跟我有眼神接觸，或觸及其他話題。如果要他說說任何個人的事情，他會明顯焦慮不安，用簡短的回覆想要我就此打住。當我問他是否還有自殺的念頭，他快速點個頭，發出「嗯」一聲。對他來說，我是個全然陌生的人，竟然還問他是否想死。

問完所有問題之後，我認定派崔克的情緒依然低落，還是屬於「高自殺風險」，應該繼續留在一般大樓的共用牢房。改變對他的管理方式，無論是增加觀察（安全室）或者其他安全措施，都有可能造成損害和反效果。就實際面來看，在人員不足的情況下，要積極做些什麼也是不可能的。

我覺得他應該不願意再講更多了，而且看看時間，後頭還有二十個這樣的訪談必須完成，於是我站起身，拿起他的畫還給他。

這時我才發現畫全部融掉了。我將他的畫靠在轟隆隆的壁掛式暖器旁，現在畫的油墨黏糊糊地從畫布滴到地毯上。裝畫的塑膠袋也融掉了，沾黏在暖器上就像一片壞掉的塑膠包膜。

我第一個念頭是：完蛋了！那個人的驕傲與喜悅，就這樣慢慢烘成卡士達醬，而這一切全都是我的錯。我是為了救人的任務而來，此刻卻是造成他更加絕望的罪魁禍首。我說不出話來，試著慢慢將畫分開，希望能搶救一些殘骸。但我察覺到自己竟然想笑。我知道他正看著我，而當我望向他時，他看到我尷尬的表情，一件奇妙的事發生了：他笑了。我還真的懷疑了一會兒，想說那是不是笑聲。那是一種不太熟悉、有些刺耳的聲音，源自臉部受傷之故。接著他挑出一張融掉的人像畫，擺到自己的臉旁，直白地暗示那就像是他的臉。他試圖讓我覺得好過一些。

我也忍不住笑了出來。我們一起笑個不停，笑到快要倒地，就是止不住。等我們漸漸平靜下來，看了彼此一眼之後又再次忍不住笑到歇斯底里。我一直說對不起。

有個護士從門上的小窗探頭進來，確認裡面狀況是否安好。她看起來一臉驚訝，卻又要保持鎮定，有點像電影《杏林嬉春》（*Carry On Matron*）裡的肯尼斯・威廉士（Kenneth Williams）。那肯定是很不尋常的聲音，我跟他都在狂笑，真的是捧腹大笑，這在監獄裡是罕見的，即便在難以預測的醫療環境中亦然。我們原本是要做自殺風險評估的。

那一刻我才明白幽默在我這個工作領域裡的價值。有時在最不適當的情況下，這是唯一適當的反應。只要跟任何緊急救援團隊接觸過，你就會聽到他們如何運用黑色幽默來處理最沮喪的情況。可是就心理學與精神醫療來說，與病患或當事人一起笑仍然會讓人覺得有點不妥、欠缺節制、不適當。心理師一般給人的形象就是穩重、冷靜分析；而當時作為實習司法心理師的我，被教導要保持專業距離。但那會讓你看起來像個機器人。當然必須維持適當的距離，但不能因此犧牲了真誠。

我因為融掉的畫而笑到無法克制，確實違反了有關互動的不成文規則。但是在人與人相處時，我總喜歡在不好的時刻開個好的玩笑，只要是出於善意，而且不傷人；就像書上教的，跟人一起笑，而不是笑他們。這可能會是很有效的工具。笑是我所知最能有效化解緊張的方式。即使在自殺風險評估中，笑也能夠發揮作用，就像這個例子的情況。這是我與派崔克當下最真實且無害的反應，而且看來效果相當顯著。

笑完之後，派崔克開始哭了起來。我很快從桌上的面紙盒裡抽出一張面紙遞給他，雖然囚犯通常不會想使用我遞過去的面紙。他說他不是因為那些畫而哭，而是因為「所有其他的事情」。我看看時鐘，知道這樣談下去肯定會拖延到後面的時程，但我並不想打斷他。我請他跟我說說是怎麼回事。這個過於壓抑的男人，一分鐘前還難以解讀心思，此刻卻願意敞開胸懷，而那是因為我們之間小小的連結，以及短暫地分享彼此的脆弱。我不能打斷他。

派崔克快六十歲了，長得沒特別高，身材圓胖、四肢粗壯，脖子也肉肉的，原本在一個農莊的倉庫當夜間守衛。他就在那個鄉下地方長大的，那裡生活相當平靜，阡陌交通，雞犬相聞。派崔克晚上就待在跟倉庫相連的小辦公室裡，看守大型農業機具。那不是人們夢想的工作，但他甘之如飴。

有一晚，倉庫主人，也就是派崔克的老闆，在建築物裡縱火企圖詐騙保險金。他關掉了火災警報器，所以等到火燒到辦公室的門產生了焦味，派崔克才發現整個地方已經陷入火海。他說明自己如何趕忙行動，衝去想開啟連接倉庫主要存放區域的大門，但是濃煙與烈火將他捲起來，拋過整個房間。派崔克嚴重灼傷：臉跟右臂燒傷，右手三根指頭也沒了。每個人都認為他還能夠活下來實在很幸運。

倉庫主人因為犯罪而坐了短暫的牢，派崔克則很長一段時間進進出出醫院，連續進行痛苦的整形手術和植皮。由於臉部手術，他甚至無法清楚講話，可以說等同是啞了。長期就醫也讓他的妻子受不了；他還在醫院治療的時候，妻子就搬了出去。

幾個月後他回家才發現這新的現實，於是試圖用獵槍自殺（那是合法持有，在鄉村地區很常見）。他把槍管塞進嘴巴，希望一槍斃命，但是已經沒了食指可以扣扳機的他，奇蹟似的沒把自己弄死，反而轟掉自己半張臉，那一半還是原來沒被火燒傷的。他在醫院裡承受更痛苦的手術，以及好幾週無聲的吶喊，而他明白就算回了家也已無人相伴。

派崔克嚴重毀容又失業，只剩下孤單一人，所以他決定去找以前的老闆討回公道。那天他喝了太多，走到對方住處，想要算舊帳，情況卻變得失控。他從門口的木柴堆裡揀起一根木棍，朝前雇主不斷毆打，直到對方倒地之後，再補踹一腳。他承認，打到後來，那已經不是在打人了，而是發洩他積壓已久的痛苦。他說，在那個瞬間，他覺得好多了。接著他看到地上那個奄奄一息的人，明白自己幹了什麼事，於是他用對方的電話叫了救護車。

派崔克並不是衝動易怒的人，更不是遇到誰就打的那種壞蛋。恰好相反，他是過度壓抑的人，克制自己的情感。有時候憤怒是健康的，可以讓人調適情緒，只要處理得宜。然而他壓抑憤怒，憤怒長成有毒的樹，終於爆發出來，即使只是片刻的爆發。通常這種人會做出異常的暴力行為，可能一輩子就那麼一次，但是當他這麼做時，更有可能造成嚴重傷害、甚至殺死對方。

現在派崔克被羈押，無疑會因為重傷害罪而被判處長期徒刑。他心裡滿是揮之不去的絕望。

找到可以繼續說話的方式

我們如何理解與面對這個世界，講出自己的故事、承認自己的遭遇，是心理治療很重要的一步。對大部分的人來說，這表示跟親朋好友聊聊天或說說話；對其他人來說，這可能表示需要求助心理諮商。但這些行為的前提是一樣的：透過簡單的說話，我們可以處理並瞭解自己和其他人。當我們不願或無法說出自己的故事，它們就會以其他的方式呈現。情感需要發聲，無處可說時，它們會找到其他方式傾洩。

然而，說話的藝術對某些人來說也許容易些，對其他人來說就難了。很多的男孩與男人在社會化的過程中，學會各種具有破壞性的方法去隱藏他們的軟弱，強迫自己堅強度過難關，要他們跟任何人分享內心深處的創傷時常是難以想像的，即使到了二十一世紀依然如此。被懲罰或被嘲笑時，他們不敢表現出真實情緒，哪怕只是片刻，他們往往努力裝出倔強又無所謂的姿態。憤怒的情緒是例外。男性被設定的角色更能夠接受憤怒，這種情感較偏向「動手」，而不是「感受」——一般而言，男人更常以做些什麼事來處理壓力，像是過量的工作、性、喝酒、吸毒、侵犯、暴力、自殺。畢竟，自殺算是最果斷的行動。在極度強調男子氣概的監獄環境中，表現出情緒會被看作是一種軟弱。所以說，監獄裡充斥著以有害方式處理沮喪情緒的男人就無足為奇了。

派崔克不知道如何講出他的故事，充滿創傷與悲劇的故事。他就是找不到時機，不管是在他做出傷人行為之前，或者之後。其實只要認真傾聽，就算是最安靜的囚犯，我們也能聽到他震耳欲聾的呼喊。

那時候我也有些故事沒有說出來，塵封心中，甚至連我自己也沒有意識到。但那些沒有出口的故事開始以具體的方式展現：我受暈眩所苦。有一晚，在謝菲爾德火車站前，我突然不支倒地。人們以為我喝醉了，那種感覺還真的像是醉了，甚至可以說是前所未有的酩酊大醉，只是我既無飲酒，亦無作樂。當時我在月臺上等著搭車回曼徹斯特，突然間面前的火車似乎往後退，在我還來不及思考時，整個月臺開始旋轉，然後我就倒地了。我試著抓住地面，想牢牢抓穩，感覺就像有個旋風侵襲月臺。有一瞬間，我似乎穿越回到家鄉公園的遊樂場，變回那個十歲小女孩，而小鎮正舉辦嘉年華。我可以聽到四周的聲音，但我沒辦法說話，因為我全心全意想要克服恐懼與噁心的感受，試著恢復平衡感。後來這樣的暈眩愈來愈頻繁。

我很感謝派崔克那天跟我一起笑。我瞭解自己跟他一樣需要釋放緊張的情緒。一度我還擔心自己是不是就像踹了倒地的人一腳，害他更想要自殺，但是當我們整理好融掉的塑膠袋和作品時，他謝謝我。我問他是否還有什麼我能幫上忙的地方。他以半邊的笑臉回答說：「今天不用了，今天不會有事。」

那天他想活著。有時候就我的工作來說，只要能讓人多撐一下子，那就夠了。後來我再也沒見過派崔克，我希望他找到可以繼續說話的方法，而且繼續說下去，直到服刑期滿。

第三章

怪罪的遊戲

正義世界的假設：人們有個普遍但錯誤的信念，以為世界根本上是正義的，善者將得酬賞，惡者會受懲罰。這種信念的結果之一是，遭受不幸的人被認為是罪有應得……連受害者也怪罪自己。

——《牛津心理學字典》（*Oxford Dictionary of Psychology*）

我始終記得愛莉森，她是我見過唯一在承認殺害丈夫之後，還能自由走出英國刑事法庭的人。

二〇〇三年時，我第一次在殺人案件（homicide 這個字雖然有點美式，但在英國泛指謀殺、過失致死、殺嬰）中擔任專家證人。由於心理學家評估的是案件中的人，而不是物品，所以是少數獲准能陳述意見的專家，而不只是陳述事實。那時我二十九歲，有相當的經驗與專業地位，也表示我已獲得信任可以提出對審判中的被告或被害人家屬及社會大眾有影響力的證詞。

我原本以為在這種算得上人生里程碑的案件中，被告應該是男的才對。並非我有性別刻板印象，那只是一項無可爭辯的事實——百分之九十五的殺人凶手是男性，無論受害者與加害者之間有無關係或關係為何。(原注1) 男性受害者絕大多數是被另一個男性所殺，女性受害者亦同。所以當英格蘭及威爾斯皇家檢察署（Crown Prosecution Service）向我陳述案件事實的時候，我很訝異竟然是要就一位女性被告的情況做衡鑑。

當時愛莉森被控謀殺罪，她承認在家殺害丈夫保羅。檢察官想知道的是愛莉森在犯案當下的心理狀態，更明確地說，就是她是否因「精神異常」而「導致其行為，或對之有重大的促成效果」。用法律術語來說，這表示愛莉森的辯護團隊提出了責任能力減弱的抗辯，希望將罪刑降低為過失致死。

我們是文明的社會，所以刑法判定一個人有罪與否的基礎，在於其犯罪行為（*actus reus*）和意圖必須具備可歸責性，或明知其行為是錯誤的，也就是具有犯意（*mens rea*）。欠缺犯意，一般來說就是謀殺與過失致死之間的差別。但要確認愛莉森殺害保羅時的心理狀態，必須進行回溯性的評估，而要達到法律要求的確定程度是很難的。司法心理師必須具備的技能之一，就是回到過去，也就是回到事件發生之前。

我立即要求調閱愛莉森的醫療紀錄，並向她被羈押的女子監獄申請數小時的訪談。在檢閱起訴證據，計畫如何進行心理衡鑑時，我花了點時間思考我所知道的「親密伴侶謀殺」

被殺害的男性當中，約有百分之十是被身旁親密女性所殺，保羅就是其中之一。（原注2）只有百分之一的女性受害者是被另一個女人殺害的。研究結果顯示，男性加害者在殺害女性伴侶或前伴侶之前，都已經有數個月到數年的虐待情事發生。相對的，如果是女性殺害丈夫或前夫，通常是被對方虐待數月到數年之後才下手。

常常會有人對這點加以批評，像是電影《粉紅豹》（*Pink Panther*）裡的馮卡托（Cato Fong）就會抨擊我有厭男症，並指出男人有時候也會受到家暴。當然，也有男性受害者，每個案件也都該嚴肅以待。儘管如此，家庭暴力是性別化的犯罪，因為絕大部分都發生在女性身上，而且施暴者主要是男性。（原注3）女性更可能遭遇嚴重的情感虐待與控制，而且長期受害。女性也更可能受到嚴重傷害，尤其是受到那些曾經說愛她的男人傷害。在英國，每三小時就有一個男人把女人打到住院。這是醜陋卻無可反駁的事實。

我知道愛莉森極有可能被保羅虐待，而且可能持續一段時間了。然而，我無法根據可能性進行衡鑑或形成任何意見。所以當我打開犯罪現場的檔案證據時，我不去想統計數字，而是專注在個案事實。

回到那裡，會有苦頭吃

檢視犯罪現場的照片永遠都是一種奇特的經驗，那像是闖入別人的死亡，儘管是透過專業好奇的角度。那些照片通常呈現出強烈的反差：背景是平淡無奇的日常環境，在本案就是保羅與愛莉森住的房子，車道兩旁種了灌木，大門上有彩色玻璃，裡頭卻發生了恐怖命案。保羅是坐在沙發上時，頭部遭到鈍器敲擊致死，胸部也有穿刺傷。

看過照片之後，我第一個想法是，那並非有計畫或預謀的犯罪，現場一團混亂。在客廳，也就是保羅被殺害的地方，屍體橫躺在地板上，隨意用一兩條棉被蓋住，還露出一截小腿。屋裡有棵象徵節慶活力與祝福的聖誕樹，樹上有大片銀箔，樹後方有個櫃子擺著相框與奇特的塑像。

這些照片讓我得以一窺發生了什麼事。死者的臉和頭部滿是血漬，左眼嚴重瘀血腫脹。臉部表情看來很震驚，彷彿千鈞一髮之際明瞭到即將發生在自己身上的事。他的手蜷曲在臉旁，可能是最後一瞬間快速舉起想保護自己。我仔細觀察他胸部的刺傷，傷口很小，像是在蘋果皮上留下的指甲痕；傷口沒有流血，表示是在死後刺上的。軀幹的照片顯示凶手試圖攔腰砍半未果，傷口同樣沒有流血，只是皮肉傷。部分照片裡有垃圾袋與清潔海綿，地毯上還有一卷衛生紙。廚房裡看起來好像有人類的排泄物。流理臺裡有個小盆子，積著紅棕色的水。

看來既不是要掩飾犯罪，也不是要清理善後。這些年來我看過很多殺人現場，我知道死於非命者的屍體很難清理，即使是最精於策劃、最懂科學方法的凶手也沒轍。那種會想用海綿刷沙發、用衛生紙擦地毯血跡的人，顯然沒有力氣和能力再掩飾自己的作為。想滅屍不成，愛莉森拿羽絨被包裹屍體，再也不忍看到自己幹了什麼事。所以屍體就躺在地毯上了。

其他照片則呈現出一個普通的家庭，若有特殊之處，就是過於整齊乾淨。孩子的房間整理得一絲不苟，玩偶整整齊齊排放在櫃子上，像是展示而非拿來玩的。主臥房裡有個燙衣鐵架，襯衫掛在衣櫃門上。床上有床簾，一切如此完美。車道上沒有落葉、沒有空盆、沒有任何一般家庭生活會有的雜亂跡象，就像用強力吸塵器清理過一樣。車庫裡有不少雜物：工具與油漆、工作檯，擺放漂白水與消毒水的櫃子，還有一櫃擺滿酒，大約有五、六瓶伏特加和其他酒類。

接著就看到紙張。她從小孩的筆記本上撕下來的，兩面都寫了字，字跡凌亂。似乎是草草寫下的，手一邊抖、一邊寫著：「不能再這樣下去，我無法忍受了。我很抱歉。請幫忙照顧孩子，告訴他們我愛他們。他們跟我媽在一起，請讓他們留在那裡。」她在四頁紙中反覆寫著同樣的事：抱歉，我再也無法忍受了。她的思緒紊亂又片段，那只是從腦中蹦出的一連串意識。她就躺在保羅的屍體旁，直到第二天早上她媽媽帶著孩子回來。

她被羈押的監獄就跟我去過的其他女子監獄一樣。英格蘭有十二座女子監獄；英國監獄的受刑人中，有百分之十是女性。她們的生活絕不像美國影集《勁爆女子監獄》（*Orange Is the New Black*）描繪的那樣多采多姿。其中一項就是沒有連身服，在英國的監獄裡，女囚穿著自己的衣服，如果要說有制服，就是牛仔褲跟T恤，舒適勝於風格。我看過的女囚室大致上跟男子監獄差不多，但有些較為舒適，牆上有明亮的圖畫，還有玩具箱，就像牙醫診所的候診室；不過那些房間主要是讓女囚探望她們孩子的地方。

我就是在這種家庭房裡跟愛莉森會面，裡頭還有個小廚房，擺放著流理臺與幾張椅子。我記得燈光是自動感應的，由於我們坐的位置偏低，必須每十五分鐘揮一次手臂，以免燈熄了；我跟她討論的問題頗為凝重，這些干擾的動作實在煩人。

愛莉森很瘦，中等身高，頭髮隨意往後紮成馬尾，臉蛋纖細，有雙棕色大眼。我注意到她的額頭上貼著OK繃，兩邊耳垂上還留著小耳洞。她說話時眼眶泛淚，淚水不時滑落下來。

她告訴我，她第一次被保羅打，是她告訴他自己懷孕了。那是十年前的事了。他們坐在車上，愛莉森開著車，保羅坐在副駕駛座，他一拳揍來害她撞上方向盤。一切來得如此突然，當下她還以為是被後面的車子追撞。她把這件事告訴她媽媽，媽媽問她到底說了什麼激怒他，還跟她說懷孕是她自作自受。後來她沒保住胎兒，因為保羅把她推下樓，他甚至說那是她的幻想，不管怎樣她就會失去那個孩子。這種技巧就是所謂的「煤汽燈操縱」（gaslighting）[1]，施虐者操弄被害者讓他們懷疑自己的感受以及是否精神異常。

1. 編按：源自一九四四年的電影《煤氣燈下》（*Gaslight*），描寫情感精神折磨的故事。情感操縱者會用假訊息騙受害人，讓受害者懷疑自己的記憶力以及對事件判斷力。

她曾經報警三次，但他們沒有採取任何後續行動，也未起訴。她說，第三次報警後，保羅痛毆她一頓，以示懲罰，所以她再也不敢報警了。其實只要加入有關家暴的討論，你就會聽到有人問那些女人：為什麼不離開或報警？聽起來很簡單。但是在虐待關係裡，兩人的互動如此緊密，那是一種循環：暴力、震驚、深深懊悔、情感和解、希望與歡欣鼓舞。接著是恐懼。平靜一段時間後，被害者知道有事即將要發生，只是不知何時，而後希望藉由改變自己的行為來克服那樣的不安，反省自己、拋棄自我意識、盡全力維持和平。但被害者永遠無法達成目標。之後，無可避免會有更多暴力，循環又再次開始。

對於身在這種強烈迴圈的雙方，循環一波波永無止盡。被害人很快調適，因為暴力威脅會創造出強烈的學習動機。她開始相信外在環境是她個人失敗所造成的，而將自己看作沒有價值、軟弱的。只要她做個乖女孩，這些苦難就會結束；在那之前，她不值得任何的愛。施虐者也執迷於他們所擁有的權力，並且熟諳如何以暴力與操縱得到伴侶的尊崇。這種可悲的動態關係就像疤痕組織一樣讓他們緊緊糾纏。所以雖然對許多人來說，離開看似顯然該走的路，但對被害者來說，那時常是不可能的。

愛莉森曾經棲身在某個婦女避難中心，但保羅跟蹤她並逼她回家，威脅要通報相關機構她瘋得多嚴重，如此一來他們就會帶走她的孩子。愛莉森有潔癖，保羅跟她說，如果讓別人知道了，她會被關起來。

她解釋說，她十多歲時曾在餐廳工作，那個地方因為違反食品衛生法規而被暫時關閉。她那嚴厲且永不滿意的母親暗示說，是她工作沒做好才會這樣，於是她的清潔強迫症悄悄生了根。後來演變成一種儀式，只要她覺得焦慮，她就開始打掃，希望平息心中那些混亂的憂慮，畢竟她的人生隨時隨地都充滿憂愁。她說保羅會故意弄碎整包的餅干與洋芋片，灑滿整個屋子，藉此折磨她。

醫療紀錄顯示，她在過去幾年因為一些不知名的傷口多次住院，有一次是喝了漂白水造成喉嚨灼傷。當時她告訴醫生是意外。我問她時，她說有次保羅因為她又在打掃而惱怒，強迫她喝下漂白水。他用手掰開她的嘴巴，掐住她的鼻子，逼她吞下去。醫生知道這並非意外（我從未遇過成年人誤食漂白水），院方問她是否有難言之隱，但她不敢說，她害怕如果說了什麼，孩子就會被帶走。有個護士來跟她談話，但毫無結果，結束時只能暗示說，如果她「回到那裡，可能會有苦頭吃」。

愛莉森跟我說，保羅強暴她。她說每個週六下午，他會從車庫裡拿出伏特加豪飲，然後就想要做愛。如果愛莉森沒有表現出熱情的樣子，他無論如何還是會強迫她。如果她看來不是很享受，保羅就會掐她的脖子，直到她快暈了過去。

愛莉森表示，在殺害保羅的那一晚，之前她已經好幾天都睡不安穩，兩人關係平靜了一陣子，但壓力持續升高，她腦海不斷浮現過去被打的畫面，不堪的回憶讓她快要無法呼吸。那天下午她覺得提心吊膽，做什麼都小心翼翼的，也因為怕招惹保羅又要按捺清潔的衝動，所以整個人精疲力盡。她哭了一會兒，保羅叫她不要破壞他的心情。她躲進廚房，保羅躺在沙發上吼叫：「去車庫給我拿一瓶酒來。」

她嚇得失禁，這一點可以從廚房的檔案照片看得出來。她弄髒了褲子，顫抖著走向車庫，站在酒櫃前面，伸手卻是拿起了扳手。她形容說，那時候恐懼讓她麻木，彷彿失去了重心。她返回屋內，直直走向客廳，就站在保羅後面，而保羅正趴在沙發上閉目養神，她舉起扳手，用盡全力往他頭上敲下去。她不記得敲了幾下。

她跟我說這些話時倒吸了幾口氣，顯然也被自己的行動嚇到了。她愣愣地說：「可憐的保羅，可憐的保羅。」

保羅動也不動了。但說不上為什麼，她覺得丈夫好像氣得要跳起來撲向她，儘管實際他已經不支倒地。她記得那時自己思緒混亂又驚慌失措，跑回廚房從刀架上抓起一把有鋸齒的小刀握在胸前，就那樣站著過了好一會兒，以為他隨時會衝過來。她猶疑地走回客廳，還搖一搖保羅看他是否活著。就算是因為自己搖晃屍體才產生震動，她依然驚嚇得猛刺保羅的胸口。但那時對方早就已經沒命了。

她看著自己的手，原本要說「可憐的保羅」，結果話未出口又吞了回去。

感受他人的感受，是美好的

開車回家的路程很長，沿途都是熟悉的灰濛濛景緻，我想著如何在愛莉森的故事中找出典型的虐待循環。我之所以能認出那樣的循環，不只是因為我花了很多時間研究其中的動態關係，更是出於我自身的經驗。

我離開韋克菲爾德監獄後，繼續跟那個獄警交往。但我們的關係很快變了質，只要我穿著打扮不合他的意、做事不稱他的心、臉上沒有掛著他想看到的笑容，或者他想上床而我不想時，他的行為就愈來愈嚇人，也更加盛氣凌人。現在我們會將那種行為稱為「脅迫控制」（coercive control），有很多特徵可資辨識，但後見之明總是很厲害，可是在當時，我們甚至還沒有一個詞語可以用來形容它。這樣的關係一開始並不明顯，讓人難以察覺。

當我在醫院的戒護病房開始實習司法心理師的新工作時，情況變得令人難以忍受。當時類似的工作機會並不常有，我很驕傲能得到那樣的工作；我從自願的實習生變成享有全薪的心理師。但我們兩人的關係讓人覺得窒息。我想退出了，但也知道結束一段虐待關係的傷害風險很高。

我想方設法要離開，可是他不想輕易放手。他開始出現在我的工作地點。同事告訴我他在停車場逗留，或者到接待區詢問我那天是否在辦公室。他一面狂打我的電話，一面敲著我家的門，或者臉就貼在我家的窗邊。我拉上窗簾，動也不敢動，直到他終於離去。

在某個讓人鬱悶的萬聖節夜晚，我下班回家時正好下起雨。看著那些搗蛋要糖的小鬼在馬路上晃，我心想他們要淋成落湯雞了。我衝進屋內，將外套丟在玄關，直接走向廚房看看一起租房的朋友在不在，結果她不在家。後來門鈴響起，我立刻跑到前門，以為會看到那些塗著臉、戴著面具的孩子。結果不是。

幾天後，我的室友下達最後通牒，如果我不報警，她就去報警。要打那通電話實在很難，我有強烈預感這麼做會引發一連串的後果。

當家暴受害者決定報警時，接下來的故事只有兩種可能的結局，而兩種都讓人不好過：其一是警方決定不採取行動，同一屋簷下將掀起大風暴；其二是警方採取了行動，受害者必須面對新的人生，他們的生活和原有的一切都會天翻地覆。我只是希望他走開而已，報案感覺會激起更多的問題。但我還是打了電話，幾個月之後，我就進了法院。

施倫克博士（Albert von Schrenck-Notzing）是歷史上第一個到法院作證的心

理專家，一八九六年他在慕尼黑的一場謀殺審判中就證人證詞的可信度作證。我想像如果是在一八九六年，我會如何進行第一次的法庭作證。在我的想像裡，我是博學多聞的專家，以無懈可擊的證詞給法官與陪審團上了一課，檢方最後只會嘆口氣說：「沒有別的問題了。」我未曾想像到的是，我竟然會是以被害人的身分出庭作證，漲紅著臉，對於解釋自己為什麼沒有更早報案感到詞窮。

在後來實際的法院程序中，我作證時說到，我感覺自己像是一隻表演的海豹，試著保持振奮的情緒，壓下可能因各種瑣事所激起的怒氣，因為一旦惹怒對方，會有好幾天都不好過。所以我瞭解愛莉森說的那種持續的恐懼，總是預期著、等著什麼事爆發，又要盡力避免，卻一次次發現自己實在無能為力，因為問題不在自己做了什麼，而是對方的行為。

那只是地方的治安法庭，很小，沒有陪審團，只有三位治安法官[2]、我、檢察官，還有我的前男友以及他的律師，但好像全國的記者都來了。律師盡責地問了我一堆關於我倆私密的、讓人尷尬的問題。我跟這個男人的關係時好時壞，但畢竟我們曾經很親密。我是否大驚小怪了？是否就只是戀人之間的口角？我是

2.編按：magistrate，在英國司法制度中，對刑事或準刑事案件具有簡易裁判權的司法官員。

不是過度反應、只想吸引別人目光、歇斯底里的女人？我是否浪費大家時間、說謊？至少有人是這樣看我的。

兩週後他被判構成騷擾，判處十八週的拘役，而實際執行只要九週。事實上，他後來只關了一個週末，他的律師就提出抗辯，主張他曾經是獄警，受到其他受刑人攻擊的危險極高，所以上訴後撤銷他的刑期。

媒體的犯罪報導與真實事件似乎是處於平行世界，完全與真相脫節。媒體販賣能迅速引發熱議的故事，而這個事件具有他們需要的各種羶腥要素：獄警與紅髮女郎。所以小報上繪聲繪影的就是這些了。

有一天我上班的路上，在報攤前瞥到那些荒唐報導時，突然一陣暈眩，感覺就像在電梯裡急速下墜。當我走進病房外的公共區域時，那裡放著各式報紙，而我上了頭版。一則報導的標題是：「獄卒跟勁爆女心理師有一腿而進了牢房」。另一份報紙則用了兩頁篇幅報導這個事件，其中提到一個我好不容易才說出來的證據，他們以嗜血的方式寫說那個男的用口紅在我的乳房上作畫——事實上他是寫「女性主義婊子」。我當時嚇傻了，他竟然把我的身體當塗鴉牆；而直到今天，對於自己證詞中私密的細節居然被記者當作廉價素材宣傳，我依然難以置信。

實在很難描繪那樣的羞恥感。現在我明瞭羞恥感對當事人會產生多大的影響，包括被害者與那些做出可怕事情的人。但或許必須走過這一遭，我才更能夠體會這樣的感受。我走進廁所，站在鏡子前看著自己，覺得自慚形穢。

主管看出我無心工作，叫我先回家。但他想了想又說：「回家之前，妳要先去找威爾考斯博士，跟他道歉。」威爾考斯博士是我們這個小組的精神醫師。他說我應該去找博士說明並表示懺悔，就像偷了餅乾的小孩。他們沒有生氣，只是失望。於是我走到博士的辦公室，不知所云地說了一段沒意義的道歉話。博士顯然根本不知道發生了什麼事，只想盡快把我打發走。我永遠忘不了那位主管對我的進一步羞辱。他本來是個正派也願意幫忙的人，我很樂於與他共事，但他那天的表現毫無同情之心。

一兩天後我回到工作崗位，辦公室裡沒有任何人提到那件事。沒有任何同事說起。大家都知道了，但所有人都不吭一聲，我走進任何辦公室，大家都只顧低頭辦事。我的同事們都是熟練的護士與心理師，他們不會漏看頭條新聞的，或者他們看過了也不會告訴我，或問問我覺得怎樣。我可以察覺到他們的不安。他們沒有說出口的是，我們不應該那樣，我們是心理醫學專業人員，而那應該是發生在病患身上的事，而不是發生在我們自己身上。我能做的就是盡量保持抬頭挺胸，但真的很難。

我第一天回到工作崗位時，獨自一人在病患的交誼廳裡坐了五分鐘，那裡也有報紙。有三位女性病患走近我，手裡各握著一小束白雛菊，顯然是從外面草地摘來的。她們都有認知障礙，聽力和視力正常，但腦袋裡有許多異常的想法，原本應該是無法瞭解現實世界的。她們就站在那裡，把雛菊遞給我，什麼話也沒說，但我明白她們的心意。她們朝我默默點頭，我也回以感謝。她們比任何員工都更有同情心，那些專家們連跟我說說話或正眼看我都做不到。

我那時簽的是一年一聘的工作約，幾個月之後我並未獲得續約。我很快就知道原因。我在那家醫院待了快兩年，工作上沒有任何問題。我的病房經理為此寫信給理事會，表達對我的離職感到沮喪。但我未獲得續約，他們也沒多作解釋。

不需要解釋，畢竟我不是被解僱，只是他們不再需要我這個職位了。我的主管私下告訴我，我讓醫院的立場很尷尬，而且他們懷疑我為什麼會發生這種事，更覺得我不適合處理有性侵前科的男性病患（儘管這些男病患可以跟女病患共住一個病房）。

所以我離開了。就是這樣，我搞砸了。我的職涯還沒正式開始，就已經結束。他回到他的工作崗位，但我丟了工作。不只那樣，我還以公開的方式羞辱了自己。

有個好心的朋友把她的貓咪交給我，要我在她外出時幫忙看顧。大家都知道，心情低落時需要有個陪伴。貓咪很可愛，但牠整個週末到處破壞我的家具。每個盆栽都被翻倒，土壤灑了滿地，我想用吸塵器清理時，才發現它壞掉了。當下那成了壓垮駱駝的最後一根稻草，我癱坐在地上，把頭埋進貓咪的軟毛裡啜泣。我的人生變得一團亂，而我卻無法清理。

所以，是的，我能理解愛莉森的處境。但還不到同理的程度；情感的同理不只是理解，還要感受對方的感受，那很美好，但不可靠也目光短淺，無助於司法心理師的專業分析。那可能會攪亂你的思考，因此在司法的心理衡鑑中，不容許這種情感。我的工作不是要認同任何人，無論我對他們的故事有多強烈的感同身受。在我對當事人進行評估鑑定時，不能參雜我個人的經驗與偏見。

要多異常才會做出那樣的反應？

愛莉森的律師給我一份警方詢問鄰居以及認識他們的人的筆錄影本。他們常看到她身上有瘀青與傷痕；事實上大家都知道保羅會打她。我所讀到的每一份陳述都說：「我叫她離開，我說她應該走人。」沒有人提到要叫保羅離開，叫保羅不要再打她。

我們如此自然地想要叫被害人走開，覺得他們也有不對之處。愛莉森在變成攻擊者之前，就有人說她錯了。

當然多數人會說愛莉森是家暴受害者，她是「被虐待妻子症候群」（battered wife syndrome）的典型案例。這個讓人沮喪的名詞肯認了愛莉森持續忍受丈夫一而再、再而三動手施虐所造成的深刻且持續的心理影響。但那不是我傾向採用的詞，因為它聽起來很像只是一種生活風格的選擇。而且那也無法用於法律抗辯，更不是精神病學的診斷病症。

在英國，我們有兩種診斷系統可用：其一是美國精神醫學學會（American Psychiatric Association）編製的《精神疾病診斷與統計手冊》（*Diagnostic and Statistical Manual*）；其二是世界衛生組織（WHO）所創、通行歐洲的《國際疾病分類》（*International Classification of Diseases*）。（即使在精神病學裡，我們也無法決定要跟誰比較好。）無論哪個系統都沒有提到「被虐待妻子症候群」。

所以儘管愛莉森顯然是受虐婦女，這樣的陳述在法庭上是無效的。依據英國法律，被控謀殺者如果希望將罪名減輕為過失致死，只有少數幾個可用的抗辯理由。「突然暫時失控」（sudden and temporary loss of control）是最常被使用的。但那是充滿爭議的抗辯，很難給受虐婦女帶來多大的希望。

近年來，法院已經承認持續的虐待**是**一種挑釁，其所造成的影響可能會讓某個人突然以暴力方式回應別人可能認為沒什麼大不了的小事。但這裡有個問題：

突然產生那樣的暴力反應，又要不讓自己陷入更危險的情境，你就必須跟那個挑釁你的人一樣強，甚至理想上要比對方更具有身形優勢。許多受虐婦女做不到這點。受虐婦女被攻擊或威脅時，很少能有「突然暫時失控」的選擇，因為虐待她們的男性通常更高大、更強壯也更嚇人。受虐者知道，如果她不冷靜，可能會被殺掉。

實務上，法律認為當下因憤怒而激起的肢體行動可以作為一種免罪卡，但顯然這種行動大多是男性的特權。這種見解只利於那些真的可以依靠自身力量的人。但可以預期，在女性殺害施虐者的案件中，主要都是使用武器，常見為刀、下毒或放火。

一九八九年薩拉・桑頓（Sara Thornton）的案件讓社會大眾關注到這個議題。桑頓是華威克郡（Warwickshire）人，有天她那個充滿暴力的丈夫威脅她跟十歲的女兒說，她們很快就會「死定了」，於是她殺了丈夫，因此被判無期徒刑。檢方成功地主張，因為她花了大約六十秒的時間走進廚房找刀子，之後才回到原地刺死丈夫，所以她的行為顯然是有預謀的，因此不符合「突然暫時失控」

的抗辯要件。裁判法官表示，如果她擔心自己的生命安全，原本可以跑出去或躲上樓的。桑頓在非自願的情況下變成女權團體的封面女郎，他們覺得她的案子彰顯了家暴殺人案件的抗辯理由帶有深刻的性別歧視。失控的抗辯是為男人而存在，是男人所寫的，也只有男人才能使用。

桑頓最後獲准上訴，一九九六年她的罪責減輕為過失致死，因她已服刑一段時間，所以也不用再服刑了。說是勝利有點勉強，但桑頓的法律團隊以她有「人格障礙」（personality disorder）為由主張上訴，要求減輕刑責。簡言之，她必須承認「有病」，才能「贏得」官司獲得減刑。

對我來說，顯然愛莉森在殺害保羅的當下，她的精神狀態是不一樣的。痛苦已經累積了好幾個月。她內心戰或逃的本能反應，被保羅如常使喚她去拿酒給觸發了。加上控制原始驅力的大腦邊緣系統的驅動，她認為自己必須戰鬥。她的大腦警鈴大作，釋放大量的腎上腺素與荷爾蒙，讓交感神經過度激化，驅使她的身體採取抵抗行動。

我為愛莉森寫了一份詳細的報告，包括「心理組成分析」。這份報告為法院摘要說明她人生的重大事件，以及這些事件的意義與關係。對愛莉森來說，這是從她孩童時期開始的旅程，當時她母親的批判已經埋下她深刻的自我價值低落與罪惡感，最終讓她很容易成為掌控性強的男人的獵物，她的丈夫多年來一再毆打她、強暴她並羞辱她。在即將發生下一次攻擊時，她的恐懼如此強烈，所以她第一次做出反擊。

但是對法院來說，心理分析涉及的範圍過廣。我必須用具體且一般都接受的精神病學語言提出我的意見。在我的報告裡，我寫下：根據我的意見，愛莉森在殺害保羅當下，有很大的可能性是神智失常的。尤其她回報的症狀，至少符合三種診斷病症：創傷後壓力症候群、強迫症與憂鬱症。儘管當時我覺得，將個人的故事轉化為這種診斷上的疾病，就像是試圖用數字填色來描繪蒙娜麗莎的微笑；而今日我依然這樣認為。

我並未參加庭訊，幾週後我在家看晚間新聞時，看到愛莉森一臉惶恐地走出法院，有個人攙扶著她，我猜那是她父親。站在法院外面的記者表示，愛莉森因精神失常而獲得減責，遭判過失致死罪。法院認定她「因為三種精神疾病而殺害丈夫」。法官給予緩刑，條件是她必須接受心理治療。

我真的很驚訝愛莉森沒有被送進監牢，畢竟她殺了一個男人。她不應該殺害保羅，但是她也不應該過著那樣的生活。我很高興她現在得到正確的協助。

關掉電視後，我心裡隱約有種不安。愛莉森是否真的精神異常？要多異常才會做出像她那樣的反應？無疑那是很極端的情況。但以極端的反應面對極端的情況，算得上異常嗎？在不同的情況下，倘若結果不是如此致命，她面對這種威脅的身體反應是否會被視為正常，只是一種求生的本能？

我告訴自己，那只是語義的問題。我想要擺脫自己是「將愛莉森的創傷醫療化的共犯」這樣的想法。入睡前，我關掉臥室的燈，想起保羅如何誤導愛莉森，使她相信如果有關單位發現她的真面目，就會派人把她抓走。事實上，她的真面目，也就是她所過的生活，以及最終導致她殺害丈夫的種種折磨，都已經寫在她的故事裡。我們昭告世界她患的不是一種精神疾病，而是三種。難道這不也是在怪罪受害者嗎？

這是我一直放不下的心理障礙，而我到目前還不願意面對。

第四章

裝病的人

只要是有生命的東西，多少都有點瘋狂，所以就會做出奇怪，有時無法解釋的事情來。

——楊・馬泰爾 Yann Martel，《少年Pi的奇幻漂流》

我把手掌打開，讓特拉維斯看看我右手上的五十便士硬幣，接著又握緊拳頭。我要他閉上眼睛，從十倒數到一，「張開眼睛時，指出哪一隻手有硬幣。」

他闔眼皺眉，專心數數。「十、九、五、七……」

我幫他。「六、五、四……」

特拉維斯睜開眼睛，用食指輕觸我的左手，我打開，是空的，他搖搖頭。我們反覆做了十次，有五次硬幣是在我的右手，五次在左手。十次當中，他答錯八次。

我在心裡偷笑，我知道自己在捉弄他，儘管他以為是他在捉弄我。我刻意放鬆臉部肌肉，希望保持專注開朗的樣子。但我發誓，我看到特拉維斯臉上閃過一絲微笑，一種「微表情」。然後瞬即消失。就這樣，我們都因為小小作弄他人而獲得內心的愉悅，反映出來的往往就是短暫且不自主的竊笑。

這是猜銅板測試，也稱為「床邊測驗」，不需要任何特別的設備或計畫。它是一種簡短的篩選練習，有助於確認某個人是否假裝記憶有問題。很少人會搞砸這個測驗，因為它簡單到不行。但由心理師操作起來好像很有事，所以如果有人就是要假裝，便會藉機裝作記不住好證明自己記性很差。

特拉維斯在標準智力測驗中表現特別糟，這是我對多數當事人都會施行的測驗；但他在玩百家樂棋時經常打敗其他醫院員工，那種遊戲需要的心智敏捷度遠高於他在智力測驗中的得分。這激起我對這位奇人的興趣，我提醒自己要留意他。

我是幾週前在一家中度戒護精神病院遇見特拉維斯。那時他剛搭乘一輛改裝廂型車從監獄轉到醫院，還跟一名護送他過來的警衛銬在一起。他在更早之前被逮捕，因為進出口便宜的電子產品，而警方懷疑那是用來掩飾利潤更驚人的毒品交易。細節交代不清，特拉維斯宣稱對於被逮前後幾天的記憶模糊，也不記得在候審羈押期間發生的事情。

依據《精神健康法》（Mental Health Act）第四十八條，他被移交給我們；該條文規定，如果受刑人的精神健康情況惡化到監獄無法提供需要的照顧，便應由監獄移送到醫院。按照程序必須兩位醫師鑑定，兩位都同意他的精神狀態極度嚴重，為了他自身的利益與安全不宜待在獄中。

在一九九九年那時候，這是很不容易的事。特拉維斯到院時資料很少，但他的行為必然造成監獄管理極大的問題。要出監獄絕非易事，除非是轉到另一所監獄。即使是今日，由於精神健康的議題攸關政治利益，複雜的收容規定讓人對嚴重的精神問題更加留意，然而將受刑人從監獄轉到高度戒護精神病院的程序繁瑣，從而曠日廢時。特拉維斯很幸運有辦法離開，其他人可能不知要等到何時。

這個收治單位是醫院新設立的，就像常見的做法那樣，它座落在院區最偏遠的地點，遠離公眾的目光。幾棟低矮的平頂建築相連，採用明亮的磚造風格，裝飾的器具漆著撫慰人心的原色，還有小片的草坪與樹木。如果沒有周邊六公尺高的防護網，這裡可能會被當作休憩中心，雖然設備有限。

就像任何安全防護設施齊全的高度戒護精神病院，這個地方也被稱為司法醫院（forensic hospital）或拘禁的復健單位。這裡的收容人多數都被起訴或判刑，而且被認定是精神疾病過於嚴重而不適合在獄中服刑。但也有些收容人與犯罪無關，只是行為被認為有問題且風險過高，不宜由一般的精神醫療機構處理。

這裡有三床的病房，以及一間六床的長期病房供年長男性使用，每個房間都以英國詩人命名。住在喬叟房的男性患者大都是思覺失調：幻聽或幻視。似乎滿符合喬叟詩裡的人物。有個患者堅信我能聽到他的心思，每次他心裡有什麼不好的念頭就向我道歉。有個患者則以為自己是因為業務關係才住在這裡，他每天穿著高級西裝，用繩子套著房門鑰匙掛在脖子上，他比任何真的員工看起來更像是員工，而且會領著訪客到房間，還熱情握手，自我介紹是醫院的醫師；就像喜劇情節那樣，有幾次求職者毫不懷疑且滿懷希望地前來面試，而那些面試是他到城裡溜達時安排的，儘管當時還有兩名員工守著他。第三位病患則是克羅埃西亞籍的難民，他認為自己被軍隊挾持，只要能證明他在政治上是中立的就能回家。

特拉維斯並沒有這些古怪的念頭，從一開始就沒有。他很快平靜下來，也隨遇而安。他顯然更喜歡跟女護士與女員工說話，換個場景的話，我會說他是喜歡跟女人廝混的男人。他很注重儀表，鬍子刮得齊整，永遠保持好味道，就像剛噴了古龍水。炎熱的六月天，我常看到他在外頭做日光浴，一邊聽音樂，一邊點著腳，彷彿剛考完試的學生那樣愜意。

裝病確實充滿吸引力

我才在擔心自己會失業，就找到這份工作。因為不光彩的事上了新聞之後，我在高度戒護精神病院的實習工作「未獲續約」，而在被突然停工前，我才發現銀行戶頭裡的餘額連一個月薪水都不到。未來茫茫然，選擇也茫茫，因為我尚未成為合格的心理師。對於可能要一事無成回家待業，我感到沮喪。我決定不要輕易放棄，於是向辦公室借了一本《司法心理師名錄》，並在打電話前對自己心戰喊話，增強自己的信心。

那是我小時候就學會的招數。我是聖女威尼弗學校合唱團（St Winifred's School Choir）的團員，我們在一九八〇年演唱的〈無與倫比的姥姥〉（There's No-one Quite Like Grandma）登上聖誕熱門歌曲排行榜冠軍，甚至擠下由喬納・列威（Jona Lewie）演唱的〈擋下那個騎兵〉（Stop the Cavalry）。在我們大紅之際，與另一個一九八〇年代的團體諾蘭姊妹（Nolan Sisters），一齊為電視臺錄製聖誕專輯。YouTube 上現在還有一段影片，我們一齊唱〈祝你有個快樂的小小聖誕節〉（Have Yourself a Merry Little Christmas），現場飄著人造雪。

錄音當天對八歲的我來說是漫長的一天，看得出來我們每個人都一臉無趣、打呵欠、身體亂動還掉拍。我站在前排，垂頭喪氣握著拳，就像弄丟釣竿的小矮人。就在我們以為沒完沒了的一天終於要結束時，電視臺表示還要再錄一首。眾人都語無倫次了，更別提唱歌，簡直走音又走調，不像聖誕歌，更像是哀悼曲。

校長艾奎納修女扭轉了我們的心情。她鼓舞地說：「各位，可以不錄影，但妳們必須唱得像這是人生中最重要的演出，抬頭挺胸，保持微笑！笑著唱完整首歌。」於是我們用力微笑，整個演唱過程都站得筆挺。

我們每個人都擅長哈佛大學社會心理學家艾美．柯蒂（Amy Cuddy）稱為「有力姿態」（power posing）的技巧。（原注1）在她知名的TED演講中，描述肢體語言如何影響我們的大腦與行為，以及微妙的大腦化學物質與生理變化如何改善一個人的表現。這種技巧被許多人駁斥為假科學，但不論那是生物絕技或者只是安慰效果，透過生理影響心理確有其事。在娛樂圈裡他們叫做「張嘴笑」（tits and teeth），這些技巧背後的想法都是一樣的：假裝成功，直到你真的成功。

拿到《司法心理師名錄》之後，我開始打電話給上頭的精神病院與戒護單位，從首字母A開始。打完快一半的電話之際，我的行事曆上已經記下一場面試。我問這家中度戒護精神病院的經理，他們的醫療人員裡有沒有司法心理師。對方說沒有。我決定賭一把，建議他們應該聘一位司法心理師。他問我是不是司法心理師，我說就快是了，他要我先等一下，接著我聽到一陣交談聲。然後，隔週我就跳上火車，準備抓住這條來得正好的救命繩。

後來陸續又安排了幾場面談，我找到新工作，完成訓練並成為正式的司法心理師，薪資也大幅調升。醫院經理給我一張舊桌子，還有一部老電腦，讓我可以利用晚上時間在家完成碩士論文。他甚至把電腦送到我家。我在醫院附近租了房子，沒什麼家當，屋內空蕩蕩的。我全心投入工作，還養了一隻被醫院護士救出來的虎斑貓。我負責建置醫院的心理服務單位，共事的主管是一位臨床心理師，同樣對這個新的部門充滿熱忱。

我的工作是針對像特拉維斯這樣的病患進行標準的評估鑑定，包括智力測驗。理想而言，每個人都要能配合測驗，如此一來才能先排除潛在的學習障礙。

我運用魏氏成人智力量表（Wechsler Adult Intelligence Scale）；從一九五五年發明以來，這個測量已經成為世界通用標準。它有其必要，卻頗為麻煩，需要的表格一堆，還有計時器和各種工具。智力有很多不同的定義方法，魏氏將它詮釋為人「有意地行動、理性地思考，並有效地因應環境」的能力。實務上，你可以坐在桌子前問當事人一連串的問題，那些問題的設計目的是要評估認知與記憶。也有一些實際的表現測驗，利用圖像、智力遊戲與彩色積木協助測驗者瞭解一個人解決抽象問題的能力。

在整個測驗過程中，特拉維斯不斷抓頭又抿嘴，要不就嘆氣，很像參加百萬獎金益智比賽的人。他向我保證會盡全力，也努力讓我知道這對他來說是個大考驗。最後他得到五十七分，而一般人的平均是一百分，所以他被歸類為表現異常低下，很可能是學習障礙。但智商分數低有很多可能。

測驗問題的難易度會隨著回答的正確與否調整。一般而言，當問題愈來愈難，回答的正確性就會降低。但特拉維斯的答題表現不一致。他會答錯一些簡單的問題，碰到真的很難的問題又可以答對，我不禁懷疑他是不是裝病。

所謂「裝病」就是刻意裝出生理問題，或者在這個情況下是心理問題，這種情形通常會出現在傷害求償的案例，而非司法醫院。但對某些狡猾的當事人，尤其被控重罪者，裝病確實很有吸引力。

根據英國法律，「精神異常」(insane) 適用於各種刑事訴訟的抗辯事由。有兩種抗辯方式：一是被告主張在犯罪時精神異常；二是主張在審判時精神異常。幾個世紀以來，對於「精神異常」的法律定義與理解也因應我們對於心智與人類經驗的理解而有所改變。在十八世紀，被告必須證明具有「野獸或嬰兒」的特質才會被認為是精神異常。十九世紀晚期開始，法院開始重視「精神疾病」，以及它如何影響一個人明白其行動後果的能力。

有些惡名昭彰的裝病案例。美國連續殺人犯如泰德・邦迪（Ted Bundy）與肯尼斯・比安奇（Kenneth Bianchi）主張有另一個邪惡的自我，這些案件沸騰一時，或許也解釋了為何社會多數人，尤其是陪審團，對於精神異常的抗辯往往抱持懷疑態度，從而這樣的抗辯鮮少成功。而在英國，殺人犯伊恩・亨特利（Ian Huntley）或許是最著名的裝病案例。在兩個女孩失蹤後沒多久，亨特利神智清楚地跟記者談話，並積極與鄰居一起找尋女孩。但是當他後來被逮捕，並且看到關鍵證據時，他開始凝視天空、口齒不清、反應遲鈍。警方將他送到高度戒護的蘭普頓醫院（Rampton Hospital）緊急鑑定心智狀態。鑑定小組是由司法心理學顧問克里斯多弗·克拉克（Christopher Clark）博士領導，他後來在法院上證稱：「雖然亨特利先生顯然試圖裝出精神異常，但我毫無懷疑，這個男人現在心智健全，犯下謀殺案時亦然。他在做出謀殺行為時，完全清楚自己的所作所為。」

為什麼犯人要裝病？主要誘因顯然在於，如此一來他們就不用為某些讓人羞愧的問題找答案，對犯下亨特利這種重罪的人來說更是如此。若被視為法律上的精神異常，首先就能逃脫法律的嚴厲制裁，也不用被關起來。

但這種待遇曾經不是那麼有吸引力，因為英國國會通過《一八八三年精神病患審判法》（Trial of Lunatics Act 1883）之後，若犯罪者被認定是精神異常，就要在高度戒護的精神醫療機構接受長期收容與治療。在戒護期間，所謂的「治療」可能包括被揍、突然被沖冷水澡、用約束衣綁起來，甚至被切除腦白質。而今日普遍認為，現代化的戒護醫院是兩害相權中較輕的。無可否認，直接的虐待已不被容許，而且醫院會提供比監獄更舒適的環境，也較少暴力行為。但病患還是受監管，絕不像渡假村那樣享受。

人們常以為在戒護醫院收容的期間比監獄刑期短，但事實上受刑人在醫院待的時間可能比實際刑期長，因為能否離開醫院取決於精神醫師及／或精神健康仲裁庭是否相信病人已經痊癒；但所謂痊癒的概念非常模糊。被告若被認定「精神異常」，醫院也可能依據《精神健康法》第三十七條與第四十一條，對他們發布限制令，這表示他們可能會被無限期監禁（可能是一輩子），除非司法大臣認定他們可以離開了。裝病者要小心得不償失。

有沒有答辯能力

智力測驗、猜硬幣遊戲、精熟棋藝，一切都不尋常。另一個引發我興趣之處，是特拉維斯在顧問精神醫師韋柏博士面前的表現。韋柏博士在本院備受推崇，外表看起來就像個權威。特拉維斯很快就明白，真正有決定權的人不是我。

只要韋柏博士在，他的精神狀態就會出現不可思議的轉變，變成教科書裡那種標準的精神病患。

在每週的病房會議上，這種情況最為明顯。如同其他醫院，精神病院的資深醫護團隊會一起開會討論。但不同於一般醫院的實際巡房，在精神病院裡則是靜態的小組會議，通常是由顧問精神醫師主持，與會者有職能治療師、社工師、資深護士，還有我，實習心理師。

病房會議裡會討論每個病患的狀況，包括他們的行為、情緒、與其他人的關係，以及團隊要分析的每件事。同時也必須考量用藥與療法、能否在監管下放假，還有離開醫院的時程。這整套程序稱為照護計畫方法（Care Programme Approach）。會議將結束之際，通常會邀請病患加入，一起討論他們的照護方案，並提出像是回家探訪、放假或變更用藥等各種請求。

要走進會議室，而且明知裡頭的人才剛討論過自己的事，對任何人來說都不容易，所以我總是很同情那些病患。大部分人理所當然以為自己對自己最瞭解。但在會議室裡，病患必須任由專家們說著他的內心世界，判斷他應該怎麼做。這些病患在會議上總是盡力掩飾不安。對許多患者來說，這是他們見到韋柏博士唯一的機會，他是他們所知說話最有分量的人，也是由他決定用藥方式。

就像我待過的任何團隊，這家醫院裡的員工有各種不同個性：具消極攻擊性的社工師穿著印有「滾」字的襪子，開會時還會偷偷將褲管撩到膝蓋上；職能治療師則有些潔癖，每次開會前都會先傳遞乾洗手給大家，接觸門把與開關前也會先擦拭一番。

私底下，事實上只有在我的腦海裡，我稱我的主管是愛現博士（愛對媒體發表意見）。他經營法律醫療業務，自豪在特定的律師圈裡愈來愈出名，那些律師得靠他找出當事人有無精神方面的問題。若有任何能提高能見度的機會，他絕不會錯過，也曾向醫院謊稱病假以便參加電視節目討論犯罪事件。後來是一位病患參加病房會議時，說他在電視上看到愛現博士。韋柏博士嘆口氣，若有所思看著病患，問說：「你是不是覺得電視在跟你說話？或者談論你的事？說出你的想法？」經過職能治療師與我的說服，博士才相信那並非患者的幻覺。

當然診療團隊不只這些人，還有各種即便是正常團體裡也會出現的怪咖，不論你對正常的定義是什麼。就像人權倡議者寶拉・卡普蘭（Paula Caplan）指出的：「正常不像一張桌子那樣『真實』……它就像心理學家所稱的『建構』（construct）。這表示正常這個標籤未必對應到明確而真實的事物。」（原注2）

一次病房會議，特拉維斯如往常那樣走進來。他總是打扮體面，坐在指定的椅子上。其他與會者則一臉嚴肅，就像星際大戰中的絕地議會那樣翻閱著報告文件，等候韋柏博士看完他的筆記。

博士清清喉嚨，歡迎特拉維斯參加，並問他是否認識在場的其他人（他過去六個禮拜每天都看到我們所有人）。特拉維斯環顧四周後說：「不認識。」所以我們只好虛應故事，每個人都簡短自我介紹，特拉維斯點點頭，偶爾稍微起身致意，完全不同於我跟他一對一相處時的樣子。

韋柏博士問他本週覺得如何，話還沒講完，特拉維斯就把椅子往後推，雙手遮臉，一副沮喪的模樣，然後開始用力搖頭。有那麼一會兒他看向左邊，一臉驚訝，但仍然沒說話。

「是不是有什麼聲音或奇怪的東西困擾著你？」博士問他。特拉維斯睜大眼睛，複述問題，好像正經歷某種超自然的體驗。「什麼聲音困擾著你？」他壓低音量說：「是的，有聲音……非常壞的聲音。」

韋柏博士拿起筆，這個動作通常表示有重要的事即將發生。特拉維斯坐直身體，就像小孩子渴望吃第二碗布丁那樣。

博士向特拉維斯解釋，辯護律師曾要求院方提供有關他是否適合受審的資訊。他開始發表我聽過幾次的老套演說：「有答辯能力是一九九一年刑事程序法所規範的，那表示我們必須評估你是否瞭解自己面臨的起訴。」博士提高音量，緩慢說出最後五個字。

特拉維斯雙眼直視前方，一臉呆滯，以戲劇學校的標準來看，他表演得非常完美，我都想要向他致敬了。但同時我也發現他的耳朵變紅，這表示血壓上升，而這個徵兆顯示他就此番對話的意義甚為明瞭。

韋柏博士繼續說：「我們必須評估你是否瞭解有罪答辯與無罪答辯的後果，能夠指示你的律師，並理解證據或提出異議。」特拉維斯繼續看著前方，但會在每個頓點快速眨眼且微微的點頭。博士再次提高聲音說：「所以，特拉維斯，你能不能告訴我，你是否瞭解很快你必須回到法庭受審？」

博士把球丟出去了，現在我們就看特拉維斯如何回應。他瞪著博士幾秒鐘，從面前的桌上抓起一張紙，將紙角放進嘴巴裡緩緩地咀嚼起來。

有時在病房會議結束之後，走回辦公室的路上，我會看看在花園裡的那些病患。我時常看到剛剛才談過話的病患走到最遠的角落，坐在凳子上抽菸。一旦他們覺得自己是獨自一人，沒有被監看時，就會像活了過來一樣：點頭、比手劃腳、跟自己聽到的聲音對話。有時你會看到他們臉上放鬆的表情。他們在病房會議裡往往努力裝出精神正常的樣子。

但特拉維斯不同。他吃掉紙張之後，被護理人員帶出會議室。我提出對他心理測量分數不一致的疑慮，以及他裝病的可能性。特拉維斯有各式各樣的症狀，難道這不會讓人起疑嗎？但我的意見未獲其他同事認可或討論；事實上，他們表現得就好像我什麼都沒說一樣。若在今日，我認為自己是夠格的心理師，會勇於提出挑戰，但或許當時我急於維持形象，未能堅持到底。我認為可能是我忽略了其他經驗更豐富的同事所看到的事實。

如果你被認為是精神異常的

如果當時我夠誠實，追究特拉維斯與他明顯的矛盾表現，或許有機會在這個新角色上證明自己的能力。我待在醫院的時間很長，晚上還要寫碩士論文，幾乎大部分的人生都投入工作。我知道自己有時候愛管閒事又自以為是，但事實上我很焦慮。

在謝菲爾德車站倒下之後，我持續受到嚴重的暈眩困擾，我被診斷出梅尼爾氏症，這是一種內耳退化的病症，最後有可能造成我的右耳失聰，影響身體的平衡感。我當時正學習如何察覺暈眩來襲的信號（耳鳴、耳朵出現嗡嗡聲以及疼痛、聽力異常、覺得失去平衡、腦袋裡像有顆汽球要爆開）。擔心自己隨時會暈眩昏倒，加上新工作的壓力，反而讓暈眩更有可能發生。我不知道這樣的焦慮何時才會終止，也不知它何時要爆發。

每當工作中我感覺暈眩即將發作，便會盡快離開病房走回辦公室，這樣就不會有人看到我突然冒冷汗，或因為劇烈病症而喘氣。這麼做可能會讓情況更加嚴重，但我不想讓誰發現自己的問題。我努力掩飾，假裝一切都在自己的控制之下。如果我是自己的病患，我可能會懷疑這個醫生是不是瞞著什麼事。

話說回來，顯然我們必須對特拉維斯做出診斷。心理師使用的診斷手冊中沒有正常狀態的解說，而異常的症狀清單則時時增加；目前在《精神疾病診斷與統計手冊》中，就有超過三百項的病症，每一項都經由全世界最權威的精神醫師組成的委員會投票通過，而他們大部分人都跟製藥產業有利益關係。小組其他成員則指稱看到特拉維斯「戴著耳機與墨鏡」，彷彿只有受幻覺所苦的人才會做這種事，而非大部分在陽光下聽音樂的人都會這麼做。另一位同僚則說，特拉維斯的情緒「兩極」，夜間查點時總是不太理人。就我聽來，這沒什麼異常，我也不喜歡有人半夜把我吵醒。但後來我慢慢明白，在精神病院中，連最平常的行為看起來也像異常；正常體驗與「病狀」之間很難清楚劃分。

這又引發一個問題：精神診斷有多可靠？這是美國心理學家大衛．羅森漢恩（David Rosenhan）在一九七三年進行的一項經典實驗主題。（原注3）羅森漢恩將八位正常人送進精神病院，要他們向醫師抱怨聽到某種聲音，這是「思覺失調症」（schizophrenia）的經典診斷指標之一。八個人都獲得醫生同意住院，雖然他們沒有任何其他異常的行為，甚至也沒有再提起過那個聲音，但多數被診斷有精神疾病，而且開出用藥處方。其中最有名的是，一名員工記錄一位假病人「書寫行為」的證據，以筆就紙變成可疑而不正常的。幸運的是，大約三個星期後，這些演員大多被認為症狀緩解而獲釋。

羅森漢恩的實驗廣獲報導。雖然研究已經過了許多年，仍然有助於提醒我們，不只診斷具有恣意性，我們透過自身期望的濾鏡而描述以及詮釋行為的方式，也具恣意性。如果你被認為是精神異常的，你所有的行為都會被解讀為異常。（與此相似，如果你被認為是壞人，你所有行為都會被認為是壞的。）

韋柏博士診斷特拉維斯有「分裂情感疾患」（schizoaffective disorder），一種混合的診斷標籤，用以描述多種精神症狀合併之病症，例如幻覺或幻想，加上極亢奮或極低落的情緒。醫生開給他抗精神病藥物，但他沒有吃，因為在做出診斷後，他就跑掉了。

在任何戒護單位裡，病房的窗戶只能微開，以防止病患脫逃。但是在某個夏夜裡，當醫院員工進到特拉維斯的房間後，發現他用電動螺絲起子將整個窗框都拆了。後來的調查顯示，特拉維斯與醫院的夜班護士發生感情，她替他帶來工具，還準備了行動電話，讓他們可以互相聯絡並進行脫逃計畫。這解釋了他的「情緒變化」，以及入夜時的可疑反應：他可能正在傳訊息給女友，而且每天晚上在房間動工。

三天後就找到特拉維斯了，他躲在距離醫院三英哩外的護士家中，我很驚訝他竟然躲得這麼近，但也許別人不這麼認為。他並未回到醫院，因為在他失蹤不久後，對他的起訴就撤銷了；這並不特殊，因為刑案常常會被撤銷。既然沒有被起訴，而且現在他看來神智清醒，理當可以離開。幸運女神眷顧勇敢的人。

特拉維斯沒有再回來過，眾人茶餘飯後八卦一陣子之後，他就被忘掉了。但我永遠記得他。他讓我知道不能只把當事人看作是囚犯或病患，精神正常與否是一道光譜，每個人的差別只在於程度。在病房會議中，我們總是絞盡腦汁想著該給病人何種診斷，我們每個人都把自己的想法投射到病人身上，但或許可以說，特拉維斯是整個會議室裡神智最正常的人。

這個經驗也提醒我，雖然裝病可能是有用的策略，但至多是短期的，誠實還是最好的上策。發現特拉維斯的真面目，讓我知道自己先前的懷疑是正確的，這有助於我相信與堅持自己的判斷。我不用再假裝，而是真的成為我想要成為的那種司法心理師。

第五章

巫醫與洗腦者

如果你手上只有一把槌子，很容易就會把所有的事情都當作釘子。

——亞伯拉罕．馬斯洛 Abraham Maslow，《存有心理學》（*Towards a Psychology of Being*）

「我沒有精神分裂！我沒有精神分裂！」

馬庫斯低沉的嘶吼從門後傳來，就像神父用盡全力驅魔。他對著一名護士高聲抗議，而門外的護士蹲低身體跟他對話。

我待的這家戒護醫院總共有三位心理師與四位助理。這個地方的目的應該是要轉化人心，但走的並非靜心冥想的路線。那是一九六〇年代的混凝土大樓，隱身林間，就像員工廁所裡壞掉很久的捲筒架一樣老舊。

病房裡的床和其他傢俱都牢牢固定在地板上。一方面斷了有人想改風水的念頭；另一方面也讓住在裡頭的人沒辦法拿東西擋住房門。偏偏馬庫斯就是可以表演人體障礙，用自己龐大的身軀抵著門。我趕忙走過去查看，想必他是使出吃奶的力量才能把門堵住。話雖如此，他顯然白費氣力了，因為在戒護醫院裡，房門裝有絞鏈，兩邊都可以開啟。

走廊迴盪著喧譁聲，他清楚地喊著：「我殺了哥哥！我殺了他！」

這並不是幻想。他確實那樣做了。馬庫斯刺了他哥哥雷蒙的背部兩刀，傷及右肺，造成致命的氣胸。事發地點在公園的門外，就在正中午的時間，當時馬庫斯四歲的女兒還坐在汽車安全座椅上，目睹意外發生。

我不想干擾他們處理的方式，畢竟護士都訓練有素，面對這種情況很有經驗。但時值深夜，醫院人手比白天少，所以我站在旁邊以防萬一。

值班護士拿著一個小紙杯，裡面裝了藥丸。在她後面是一名男護佐，可能早料到會有麻煩，所以擺出勸降的姿勢：一手放鬆地垂下，另一手則放在下巴位置，像沉思者的雕像那樣。這樣的姿勢讓人看起來專注且保持善意，但必要時另一隻手可以隨時採取行動，不論是防衛可能的攻擊，或者保護臉部與身體，或者抓住對方的手或頭加以壓制。

所有精神機構的員工都受過應付暴力攻擊的訓練。不過近來主張，肢體對抗是最後不得已的手段，並強調勸降技巧，以及如何讓情況緩和下來以避免暴力衝突。過去所說的「控制與限制」，現在則改為「照顧與責任」。但不論怎麼說，要求認真工作且報酬偏低的醫院員工跟某個不知是否理性或行事難測的病患對抗，實在強人所難。面對那些往往已經很激動的病患，如果再跟他們來硬的，最後可能要多人才能加以制伏，這樣的經驗對誰來說都很可怕。

我不認識那個蹲在門後的護士。她是夜班人員，我們之前不曾打過照面。她看起來很強悍，像是寄宿學校裡幹練的護理長。她用一種堅定、但高人一等的語氣回應病患。

「你現在狀況很不好。」她說，試圖說服馬庫斯先吃藥。

馬庫斯回了一串混亂的語句。「暴力的洗腦者別再來……孩子在我腦袋旁哭喊光暈。」

這就是所謂的「語詞沙拉」（word salad），近來被用於形容美國總統川普不一致的公開談話，但它原本是精神醫學用詞，描述嚴重思覺失調的共通症狀。詞語沙拉有點像是機器猜字，是出現在某個人心裡隨機且彼此無關的字詞，然後以沒有順序的方式直接說出口。雖然聽者可能覺得不知所云，但如果你有時間也有耐心解密，就會明白當中一定有意義。

雖然馬庫斯的話對我們來說沒有什麼道理，但顯然他有些重要的事想說。而那晚他設法傳達的是他強烈的、憂憤交錯的悲傷。他看起來很清醒，用低沉沙啞的聲音吼著：「我沒有病。你們才是腦袋有病的人！」聽得出來他很痛苦。「我殺了哥哥！都是因為你們！」

那位護士回答：「不，馬庫斯，那是因為你生病了，所以我要給你這個藥，吃下去會讓你覺得好過些。」

「滾出我的房子。我沒有病。」他咆哮得更大聲也更用力，雙方對話沒有交集。馬庫斯生氣是因為他覺得自己說的話沒有人聽，而那個好心但老派的護士似乎沒有察覺問題出在哪兒。

護佐跟我交換眼神，我讓他知道我要插手。我跟護士招招手，然後比個手勢，暗示她應該緩和氣氛。但她不知道我是誰，似乎不想搭理，只是繼續原來的做法。

我察覺緊張情勢升高，必須介入。我往前一步。「馬庫斯，我是凱莉。」

他大喊回應：「巫醫！巫醫，來洗腦的。」

護士正要開口阻止我們的對話，但我沒給她機會，決定先發制人。

「馬庫斯，我聽得出來你很難過。告訴我，發生什麼事。」現場安靜下來。

「我殺了哥哥。」馬庫斯說。

「是的，你這麼做了，你殺了你哥哥。」

護士站起來，抿著唇往後退。我技巧性地請她給我們一點時間聊聊，或許十五分鐘後再回來。

之後我跟馬庫斯坐了一會兒，專心聽他說話。門半掩著，我坐在他對面，主要都是他在說，我只是試著釐清他的思緒。有時候你只需要陪一個人坐坐，肯定他們的感受，不用害怕他們的痛苦與悲傷。馬庫斯做了可怕但已無法改變的事。那些事無法輕鬆地解釋，也不可能用藥物來消除。

他卸下心防後，護士回來了，靜靜遞上藥與一杯水，然後就離開。那晚直到我下班前都沒再看到她，後來當我跟她道別時，她也沒有回應。

我們只會看到可怕的故事

馬庫斯殺死他哥哥的那天，他相信對方被惡魔附身了。

馬庫斯出現幻覺已經好幾週了，他看到雷蒙揍他。這些短暫但栩栩如生的影像讓馬庫斯很痛苦，而且在那樣的精神狀態下，他相信是他們故意將這些影像放進他腦子裡，以此懲罰他。他腦袋裡那個惡毒的聲音宣稱他們已經控制了雷蒙，他們要折磨他，而這一切都是馬庫斯的錯。在幻聽與心理混亂之下，浮現了一個清楚的念頭：他必須殺了哥哥。

殺人被逮之後，經診斷馬庫斯患有「思覺失調症」[1]。這個疾病就像許多診斷的病名，是一種概括的稱呼，指稱多種異常的狀況，包括幻覺（看到、聽到、感覺或聞到某些事物）、幻想（相信某些偏執或異常的事），以及思緒混亂無法專注，或欠缺情感與動力等各式各樣的狀況。

這是精神醫學上最廣泛使用的標籤，而且適用範圍逐步擴大。不幸的是，這個病名帶有嚴重貶意，在那灰暗的印記下難以再精細區別各種不同的狀況。每個人都自以為瞭解，那成了流行文化裡一種通用的比喻。就像老掉牙的笑話：「永遠不只有你一個人是精神分裂。」或者像比利．康諾利（Billy Connolly）所說的：「玫瑰是紅的，紫羅蘭是藍的，而我是精神分裂的，真的是。」

對所謂精神分裂的一般理解，就是諾曼．貝茲（Norman Bates）、變身怪

1.編按：schizophrenia，原稱精神分裂症，現已更名為思覺失調。

醫（Jekyll and Hyde）、瘋狂帽客（Mad Hatter）這些影劇中的瘋狂角色。這個詞現在已經被用來形容一個人容易發脾氣，或生氣時會變另一個人。但那不是精神分裂，那只是憤怒。

這個詞似乎也被連結到危險的、暴力的或犯罪的行為，看看恐怖電影裡滿是顯然有病的瘋子揮舞著刀斧。二〇一二年有項研究，針對一九九〇到二〇一〇年間上映的四十部好萊塢電影，探討當中對所謂精神分裂的呈現方式。（原注1）結果發現電影裡八成的精神分裂角色表現出暴力行為，有近三分之一還殺了人。

不只虛幻世界如此，在有關精神分裂的新聞報導中，暴力犯罪也是最常見且最普遍的主題。

但只要想想世界上有百分之一的人，也就是全球大約有五千一百萬人，曾被診斷有思覺失調，這樣的刻板印象就會不攻自破。如果這些人都有暴力行為還殺人，我們滿街都會踩到屍體。

事實上，在英國，每年有五十到七十件殺人案的凶嫌是像馬庫斯這樣在殺人時有嚴重精神問題的人。（原注2）當然，這個數字仍然過多，而如何防止這樣的悲劇應該是我們每個人都要關切的事。不過英國有超過二十二萬被診斷為思覺失調者，他們大多數仍過著平凡而平靜的生活。他們只是你在街上、辦公室、酒吧中看到的普通人，對任何人都沒有威脅或危險。他們的故事無法刊在媒體上賣錢，所以你跟我一樣，只會看到可怕的故事。

為什麼有些思覺失調的人會造成風險，而其他則不會呢？研究顯示，答案在於構成人類存在的諸多因素。（原注3）暴力行為的風險通常涉及其他未必和個人精神問題直接相關的情境、問題或議題，包括藥物濫用、缺乏個人及／或專業的協助，以及過去的暴力經驗，無論是作為被害者或加害者。然而，與新聞報導有所出入的是，那些被診斷為思覺失調的人，其暴力的發生率雖然高於一般人，但比率太過微小不足以做出任何準確的預測。

他不只說話大聲，還是個黑人

千禧年剛過，戒護醫院的病床需求持續增加。其實只要看看英國國民保健署（NHS）當時的資產負債表，就能瞭解情況有多嚴峻：早期介入、社區與精神健康危機服務，並未獲得與戒護收容相同程度的預算與投資。事實上，中高度戒護精神機構的支出在當時占了成人精神健康照護支出的五分之一，但這些錢主要花在收容而非預防；在補牢之前，羊早就已經跑光了。

此外，愈來愈多的司法心理師進入戒護醫院，許多是來自監獄單位，從而帶來了特定的工作哲學與治療模式。

當時普遍（現在仍是）的做法是將治療計畫做成標準流程，然後將病患分組：性侵治療小組、縱火小組、憤怒管理小組，諸如此類。這些計畫包含一系列以教育和認知行為療法為基礎的課程，目標是矯正參與者的態度、價值、信念與行為模式，讓他們轉化成正常的公民。這些計畫與教學方法一起交由心理師管理執行，有時也可能由其他人員負責；事實上，任何人只要有手冊，而且經過數日的訓練，即可執行。那是工業化的心理執業，只要有計畫表單、講稿與問卷，你就可以根據範本來撰寫報告、為病例打分數、勾選表格確認照表操課。那是給這個程序中的每個人設下規範，病患從此不用再穿約束衣，但心理師卻愈來愈被制約了。

我支持用認知行為療法與其他衍生的方法治療多種問題，例如恐懼症與情緒問題。但這些療法的長期預防效果仍有爭論，（原注4）無論人們聲稱在監獄與戒護醫院這樣的控管環境下，態度與信念有多大的改變，多年之後，當患者處於真實世界裡，其行為能否產生想要的效果仍屬未知。我對這些一體適用的團體課程的實用性，最多只能說正反意見都有。但我確信它們教導許多病患熟練地說出他們認為那些墨守成規的心理師想要聽的話。

不過馬庫斯並未學會。他時常說「我沒有精神分裂」，這已經變成每一次病房會議的主題曲。會議的高潮通常是馬庫斯指著我們這些資深員工，稱我們是「巫醫與洗腦者」。

儘管開了大量的抗精神病藥物，而他也勉強接受，但他持續受到怪聲音的折磨。常有人聽到他一個人獨自在病房裡發出激烈而憤怒的對談。他的風險評量結果非常駭人，將他描述為「偏執狂、抗拒治療、欠缺病識感」。

還有另一個更棘手的問題，可能不自覺就參雜進我們對他進行的暴力風險評估——馬庫斯不只說話大聲和反抗，他還是個黑人。

二〇〇二年時，就在馬庫斯入院不久前，政府進行了班奈特案調查。（原注5）那是由大衛．班奈特（David Bennett）死亡案件而起，他是一名非裔男性，在中度戒護醫院被員工壓制後死亡。報告發現，在精神病院中，黑人男性往往被認為「更有攻擊性、更嚇人、更危險，也更難治療」，而且比起有相似診斷的白人，他們服用更高劑量的藥物。報告結論提到，黑人與少數族裔病患受到特別對待的機率是其他病患的六倍，更容易在精神病院長期收容，也更容易被開藥或者採用電痙攣療法，而不是心理治療或者「談話療法」。

簡言之，精神醫療機構裡充斥著種族歧視。（原注6）我在監獄裡看過更多公然的、駭人聽聞的種族主義表現，但在精神病院中則較為隱諱。馬庫斯對我們的不信任，或許並沒有表面看來那樣的不理性。

他在伯明罕長大，是牙買加裔移民的第二代，他父親在一九六〇年代來到英國，屬於疾風世代（Windrush Generation）[2]的一員。當時英國社會對於有色人種仍有公開的敵意，甚至是可被接受的。他父親擔任計程車司機，但不能進入他

2.譯按：指一九四八到一九七一年間，從英國海外屬地到英國協助二戰重建的人。

常接送顧客的酒吧。標誌上寫著「有色人種不准進入」或「西印度群島人不准進入」。就在幾年前，保守黨國會議員彼得・葛里菲斯（Peter Griffiths）還在斯梅西克（Smethwick）附近的選區靠著「如果你想要老黑當鄰居，就投工黨吧」這樣的標語贏得地方選舉。事實上，該地區的種族主義如此惡化，以致於美國政治運動者麥爾坎X（Malcolm X）在一九六五年時還特意參訪斯梅西克；但九天之後他就在紐約遇刺身亡。

馬庫斯提到，有一天他爸爸決定無論如何要走進酒吧，縱使招牌寫著「不招待黑人與愛爾蘭人和狗」。後來他還把那塊招牌扛回家，掛在廚房當裝飾品。馬庫斯的家庭生活充滿這些感傷的情境。他深愛的父親在他六歲時過世，他與媽媽及哥哥住在只有一間臥房的公寓，後來十年間有時他也會去祖母那裡住。

馬庫斯說自己小時候瘦弱又膽小，跟壯碩且充滿魅力的哥哥相比黯然失色。他祖母是個強勢的女人，也是虔誠又極端的基督教五旬節派（Pentecostal）信徒。她相信巫術與惡靈附身。有一個冬天，雨水從公寓廚房滲進來，祖母聲稱那是馬庫斯身體裡的邪靈作祟。他描述著祖母怎樣要求雷蒙把馬庫斯壓制在餐桌上，用皮帶抽他的背以驅除邪靈。最後是他媽媽站出來，而那是她少數敢反抗祖母的經驗。

明白這樣的成長背景之後，他常把「巫醫」掛嘴邊就可以理解了。雖然我們肯定不是巫醫（這裡不會用雞血，但有各種藥物與治療方式，難怪他會那樣聯想），但顯然他對醫師的評價也不會有多高。

精神的痛苦也是一種疾病

病房裡氣氛沉悶，我們準備進行精神健康意識小組的活動。除了我，還有助理心理師，以及六名病患，大部分都是醫院新收容的患者，但未必是第一次踏進精神病院。陰暗的情緒與破舊的地下室很相襯。

助理心理師模仿某位管理者的做法，撕下掛圖的首頁，請每個人指出精神疾病的不同症狀。這種做法的目的是要幫助病患將他們的經驗與症狀連結，從而讓他們有可能認知到自己的精神問題，並說服他們接受診斷以及遵循建議的療法。

也就是精神病學所說的「病識感」。

雖然我們得到了少許反饋（「不睡覺」、「覺得食物被下毒」、「覺得沮喪」），但大部分的患者只是呆坐著。他們是為了餅乾來的，順道打發時間等午餐。

但馬庫斯非常投入，儘管不是我們想要的那種方式。對於那群根本沒在聽的人所說的任何回答，馬庫斯都會發出噓聲。他顯得坐立不安，雙手不知道要擺在哪裡，坐在椅子上轉來轉去。儘管如此，他很認真在聽。

有幾次我聽到他咕噥著：「他們說我們腦袋有病。」

當某個患者像這樣不專心時，我們可以替他找些事做，盡量減少對小組其他成員的干擾。於是我邀請馬庫斯到前面來，讓他在掛圖上寫字，至少這樣他就不會吼叫讓別人寫不下去。他跳起來，大步走向前，從助理手上抓了麥克筆，草草寫下大大的字：痛苦。

「所有一切都是痛苦……就是痛苦。」他揮著麥克筆，像大學講師剛剛公布了什麼複雜算式的解答。然後，他對著其他人說：「別讓這些洗腦的人說你們有病。」

一片靜悄悄，每個人都在想他到底說什麼。這並不是教科書裡的答案，但很難否認這個回應的真實性。因為他的生命確實充滿痛苦，而掛板上列出的各種「症狀」，確實是令人痛苦的情況。

沉思片刻後，助理很快謝過他的幫忙並請他回座。他回到座位上坐下，雙臂環胸，雙眼緊閉。我們本來有機會可以跟他產生連結，但錯過了。

雖然世界不會為了這房間裡的誰而轉動，但這次課程對我來說深具意義，釐清了我已經想了好一陣子的疑慮。

愈來愈多好心的專家告訴我們，精神的痛苦「也是一種疾病，就像其他疾病」，而我們處理破碎心靈的方法就跟處理斷掉的腳一樣。雖然我們的社會愈來愈開放，也願意討論精神疾病的問題，但我們還沒有確鑿的證據證明，精神疾病像身體疾病那樣可以確切地檢測、診斷與治療。

若能診斷出精神疾病，可能還讓人鬆口氣，終於知道是什麼原因造成你的症狀，而且就表示你知道自己要面對什麼，或許也正走在復原的路上。同樣的，有個診斷結果對某些人來說也是有幫助的，它確認了你正經歷的真實難處，讓你可以獲得需要的協助與支援。但對其他許多人來說，精神問題被描述為「疾病」，讓他們覺得太過沉重。

我們往往認為生病的原因是可以被找到的，是一種病變，是不好的，是可以加以治療的。但許多精神問題根本沒有這些特性。精神疾病指的是在性質上迴異於各種情感痛苦或困擾的精神問題，起因於某種大腦病變。它否認了心理的痛苦，而這樣的痛苦無論以什麼樣的方式呈現出來，或最終變成什麼樣子，往往是人們對於命運的捉弄與折磨的合理反應。

某些診斷標籤較容易被人接受，例如「焦慮症」或「抑鬱症」在社會大眾心裡往往不會像「精神分裂」那樣有負面的聯想。就像曾經是精神病患的心理學家杰·沃茲（Jay Watts）博士所說的：「是的，那是一種汙名，但比不上伴隨嚴重精神疾病診斷而來的，強烈且具染色效果的歧視。」(原注7)因為這樣的偏見，導致一個人如果聽到奇怪的聲音或有奇怪的體驗時，他的心理痛苦除了來自這些體驗本身，往往也來自於人們對他的反應。

證據顯示，某些精神疾病與生理因素的關聯更高。舉例來說，證據指出「躁鬱症」有神經生物的成因，然而對許多人來說，會讓他們痛苦到想要尋求專業協助的原因與社會弱勢更為相關，像是貧窮、居住環境不良、不安全及低薪的工作、缺乏正規教育、環境壓力，或者必須經常搬家。難以被他人理解的問題（例如相信自己是耶穌轉世）時常與壓力事件及生活環境有關，尤其是虐待或其他類型的創傷。那些有精神病史的人當中，半數到四分之三在孩童時期曾受到身體虐待或性虐待。簡言之，心理的痛苦可能是複雜的個人與社會因素影響的後果，而不只是大腦化學作用或基因所造成的。（原注8）

具體診斷有利有弊，怎麼做最好？對此問題，專業人士與當事人一般都認為，人們應該可以自由選擇要怎麼表達和解釋他們的經驗。的確，以馬庫斯的例子來說，他不願接受被強冠上的病症。可是他殺了人啊！我不禁思索，這是否表示他沒有權利再選擇是否接受診斷標籤呢？

幸運的是，醫院設有「殺害手足」的治療小組。我開始與馬庫斯進行一對一的課程，但我絕不會在他面前提到「精神分裂」或其他醫學用語。我們一週見面兩次，在主病房區的一個小諮商室。我們不再探討他究竟哪裡有問題，而是開始拼湊他所有的遭遇並加以理解。

馬庫斯年紀輕輕就離開家跟女友同居，他是在一家常去的咖啡館認識對方的。他們當時都才剛滿二十歲，後來生了個女兒，馬庫斯說在女兒一歲生日後不久，他就開始聽到怪聲音。

許多人都曾有幻聽的經驗，或許是四下無人時聽到有人叫自己的名字，或者是正要睡著時聽到有人在講話，這都是非常普通的經驗。有項研究訪問英國的精神保健護士，百分之八十三的人表示曾經聽到「好像有人講話的聲音，而非只是幻想或感覺」。（原注9）剛經歷喪親的人時常表示聽到過世親人的聲音，這經常被認為是一種安慰，而非令人不安的現象。

我自己也曾經在壓力很大的情況下，聽到奇特的聲音或電話響起，頭兩次經歷時，我還會拿起話筒確認，但除了等待撥號的聲音外，什麼都沒有。第三次發生時，我意識到或許該休個假了。之後就再沒有經歷過這樣的事。

馬庫斯說他開始聽到一個女性的聲音，每當夜晚他獨自在家時，她就會對他的所作所為提出批評。原本他並未多想，但她愈來愈常出現，而且批評得愈來愈嚴苛。她嫌馬庫斯的車子很髒，起初只是嘮叨，接下來罵他懶惰、沒用。他聽得清清楚楚，可是房裡明明沒有別人，他尋找最合理的解釋，結論是因為他跟女友住一起，所以肯定是她在背後說他壞話。

後來他連在屋外都會聽到聲音，而且除了她，漸漸有別人加入，所有人同時在說話。馬庫斯朝他們大吼：「為什麼你們要這樣對我？」「你們在偷偷監視我嗎？」「別來煩我。」但他們比馬庫斯的聲音更大、更強勢。更多的聲音加入，有些沒那麼有敵意，甚至是友善的，馬庫斯覺得那些人支持他且幫助他；有些人很有趣，唱起女友唱給女兒聽的兒歌，而且會回應他的「想法」。

馬庫斯想知道為什麼他們要跟他說話。他能想到的唯一合理解釋，就是他女友對這段關係不甚滿意，而且對他施了巫術。想想馬庫斯祖母的信仰，他會得出這樣的結論或許就不那麼讓人意外了。

我在工作中看過許多不尋常的信仰。當一個人覺得有外力控制他的身心時，若將原因歸咎於宗教或超自然力量，往往就說得通了。另一種常見的受制經驗是外星人，據說他們會透過放射光線將思想灌輸到受制者的大腦（說服力跟神魔差不多，取決於你的世界觀）。

馬庫斯質問女友，他很氣她想要操控他的行為，也對發生的一切感到恐懼。由於他們的小女兒也在公寓裡，所以女友對他的奇怪行徑感到害怕，將他趕了出去。他也不能回媽媽與祖母那裡，自從離家後他與她們就很少聯繫，所以他沒有去處，只能睡在自己的車上。自此以後厄運連連，他不斷受到排拒，覺得沒人想跟他相處。

無家可歸幾週後，他被老闆炒魷魚。有天他還被多年來一直光顧的咖啡館趕出去，讓他特別難受。他跟我說，那天店家要他離開，因為他「自言自語嚇跑了所有客人」，馬庫斯講完後一掌拍在椅背上。之後他又重述了幾次那段故事，顯然那對他來說是致命的一擊，如他所說，是他受到咒詛的證據。

我可以想像馬庫斯公然與其他人都聽不到的聲音對話，或者當別人都在工作的時候他一個人在街上遊蕩。他變成那種你走在街上時會刻意迴避的對象。當他提到被咖啡館趕出去的事情時，我忍不住想起他父親曾經無法進入酒吧的經驗。

隨著他的生活情況惡化，他聽到的批評聲愈來愈強烈。他開始用大麻自我療癒，「從中獲得一點平靜，」他這樣解釋。但那只是讓事情變得更糟。馬庫斯與他哥哥雷蒙一直有聯繫，而雷蒙有自己的家庭，也住得近。雷蒙同意協助馬庫斯與他女兒接觸，有時在公園、有時在電影院短暫相處，而馬庫斯前女友同意他們見面的條件，是雷蒙必須在場。然而，一聽到馬庫斯吸毒，孩子的媽就不准他接近女兒，雷蒙的妻子也不允許馬庫斯到他們家，這不啻雙重打擊。

他失去了家庭、工作，還有他唯一能依靠的人。談及這段期間，他反覆講到咖啡館的事，那個曾經歡迎他後來卻拒絕他的地方。那些批評的聲音告訴他，他又壞又邪惡，那些話似乎跟他祖母小時候對他的批評相符，於是更加沉重。

故事的結局很悲哀。那些聲音要他傷害自己。他抓自己的手臂抓到流血，還會用頭去撞牆。那些聲音說他們才是老大，還告訴馬庫斯下一步該做什麼。隨著生活愈來愈艱難，那些聲音就益發尖銳而急切。他說那些聲音比他更強大，他知道自己永遠無法忽視或違抗他們。

對於自己被排擠，哥哥雷蒙逐漸變成他怪罪的對象。馬庫斯覺得自己的生活愈來愈失控，他不知道怎麼辦才好，他說那些聲音對他「洗腦」，讓他相信所有不幸都是他哥哥造成的，所以他必須消滅對方。他們說雷蒙被惡靈附身，也是那個惡靈咒詛馬庫斯，讓他承受一切不幸。馬庫斯決定了，他的任務就是殺死雷蒙，殺死附在雷蒙身上的邪靈，唯有如此他才能奪回他的家庭。

他爽快承認如何執行殺人計畫。他說明如何安排跟雷蒙碰面，然後去日用品店偷了一把刀。這是非理性敘事下的一系列理性動作。他說得沒錯：「我知道自己要殺了他。」

我之前不曉得，但當馬庫斯指控我們是「巫醫與洗腦者」時，其實他已經走上復原之路。

「社會階層理論」主張，我們的感覺與情緒受到我們如何適應社會啄序[3]所影響，特別是我們覺得自己低於其他人而被瞧不起的程度。這可能導致我們相信並做出「我們聽到的事」，即使那個聲音其實就在我們自己的腦子裡。當馬庫斯

3. 編按：pecking order，指群居動物透過鬥爭取得社群地位的階層化與支配現象。

殺死雷蒙時，他正處於人生的最低潮，他認為自己地位低落，或許這就是為什麼他輕易服從了那個聲音，未加以質疑並抵抗它的命令。

而拒絕接受診斷，表示他開始質疑權威（在這個情況下是真實的人）的可信度，而不只是被動服從指令。我認為這樣的態度對他來說是更好的。然而，不只如此，拒絕接受診斷，他就必須面對他做出殺死雷蒙的選擇。

我輔導馬庫斯超過一年，但我比他先離開那家醫院了。多年後，我去訪視一家低度戒護的醫院時，又遇到了他。他在醫院裡的小咖啡店工作。他胖了一些，我差點認不得他，直到他揮手並喊著「巫醫」，我才確定是他。他告訴我他開始做些事，重建與母親及女兒的關係，她們會去那裡看看他。他也扮演著非正式的導師角色，協助病患進行靜心冥想的活動。事實上，他已經變成冥想大師了。他說他還是會聽到聲音，但是他現在可以忽略他們，甚至可以「噓走他們」。

馬庫斯學會質疑他聽到的聲音，我也開始反思自己面對病患的方式，並且與精神疾病展開新的對話。那些對話超越「疾病」的腳本，尊重個人對自己過往與體驗的建構，無論用什麼樣的字句加以描述。與馬庫斯相處的經驗讓我思索：如果我們對那些做出奇怪行為的人，或者令人難以理解的人，能夠像馬庫斯當時在精神健康意識小組那樣被對待，將他們看作是飽受折磨的人，而非抹上疾病的汙名，我們是否會更願意也更有能力對他們伸出援手？而像雷蒙那樣的悲劇是否就更容易避免呢？

第六章

裝腔作勢

由於渴望瞭解暴力，我將罪犯的行為視為他內在敘事的投射。

——大衛．坎特 David Canter，《犯罪的影子》（*Criminal Shadows*）

某天我接到警方的來電，請我協助案件調查，當時辦公室外面正在架設鐵柵欄，施工噪音讓我頭痛一整天。

那時候我在一家戒護醫院工作，醫院之所以增設圍欄是因為有個病患幾週前逃跑，後來還演變成史上最慢速的警匪追逐。他偷了不知誰把鑰匙留在上頭的拖拉機要逃走，警方根本不需要追他，只要將警車堵在大門口，可能還有時間玩個填字遊戲等他開著車過來。

儘管這個事件沒什麼緊張性，本地報紙還是以製造恐慌的頭條大肆報導瘋子脫逃。所以醫院花費數千英鎊趕緊補強顯而易見的安全措施，向那些紳士鄰居們再次確保這個區域安全無虞。醫院還設置了電子柵欄，每輛車要進來前都必須先停車受檢，院方還雇了前任護佐「大個子奈森」擔任警衛。他拿著雞毛當令箭，就算他認得你，只要你沒有正確的識別證，他也不會放人。某天早上，連一隻名為賴瑞的治療犬也因為沒有附照片的證件而無法上工。

那個短暫脫逃的病患有認知障礙，因為數次縱火案而被判刑。他習慣爬上分隔醫院中庭與主庭院的圍欄，通常他自己會再回到病房，朝對講機揮揮手然後走回房間。他曾經按鈴要一片貼布，因為攀爬時手指勾到圍欄的鐵絲。

而他這麼做是因為想讓我們知道他做得到，有時則是因為他遇到自己覺得無法解決的問題。那是一種求救的訊號，他想要讓我們知道他需要別人幫忙想想該怎麼辦。

犯罪剖繪

我從來不覺得自己是「心理剖繪師」，原因之一在於那並不是真正的工作，但人們似乎喜歡這樣的稱呼。我接受，因為那讓我聽來更獨特，好像有某種神奇的力量。拜電視影集對司法心理師的描繪所賜，尤其是《犯罪心理》（*Criminal Minds*）與《心理追凶》（*Wire In The Blood*），犯罪剖繪師在社會大眾的意識裡占有某種地位，似乎是聰明又特別，能夠在縷縷輕煙中，就找出犯罪現場隱密的線索，猜出嫌犯究竟是誰。

但真實生活並非如此。所謂的犯罪剖繪師只是一般人，沒有任何魔法基因。

他們能做的就是用肉眼觀察，運用一些心理學的知識檢視案件證據及各種可能性。警方在調查案件時如果需要不同的觀點，或者以不同方式檢驗已知的資訊，就會諮詢犯罪剖繪師。他們或許能找出不同犯罪行為之間的關聯性，安排訪談，或是協助警方瞭解人格與心理狀態如何驅動加害者的行為，或影響被害人的回憶。只有很罕見的情況，才會請犯罪剖繪師檢視犯罪現場的細節，建立「檔案」，也就是列出嫌犯可能的人格、個人經歷與生活型態等等。影集中獨自追蹤連續殺人犯的神探可倫坡，實際上只存在於製片的想像裡。尤其犯罪學者估計，在英國，在任何固定的時間點裡，最多同時不超過四個連續殺人犯在活動（這或許是個好消息，也或許很嚇人，取決於你的觀點）。（原注1）

「偵查心理學」（investigative psychology）指的是將心理學運用在犯罪搜查及司法審判，在我執業期間，它已發展成一門學科，有專門的大學課程、接受專業訓練的警官，以及精密的資料庫與軟體。（原注2）它也擴充至完整的調查領域，協助各種犯罪偵查，從抓逃漏稅到解讀恐怖威脅等等。學生最常問我的問題是：怎樣才能成為犯罪剖繪師？我告訴他們要多念書成為專家學者，或者投入警界並接受偵查心理學的訓練。我心想，如果他們不自己花時間去找方法，恐怕也只是說說而已。

我有時會以自己為例，告訴他們什麼是犯罪剖繪。學生時期我曾跟男友一起翹課，十六歲的腦袋只想躺在學校後面的草地，勝過待在無聊的教室。回家後，媽媽照例問我那天過得如何，我不假思索撒謊，「喔，還好，有點無聊，跟平常一樣。」

我媽頭也沒抬就說：「奇怪了，依我看妳是跟那小子在草地上混了一下午。」我問她怎麼知道的，她得意地說：「因為我是你媽。」當時我覺得她不只是我媽，還有超能力。

實際上，她是接到學校電話，說我在早點名之後就不見人影了。後來那天晚上我才發現自己頭髮上還夾著幾根草。我媽很厲害沒錯，但她並沒有預知能力，只是基於證據以及對青少年行為與動機的瞭解，而從各種選項中推演出最有可能的情況。

建立犯罪事實

我在這家戒護醫院組織完善的心理團隊工作了一年，每週上班三天，除此之外，我開始嘗試自己執業，並且在曼徹斯特大學兼課講授司法心理學實務，同時擔任法院的專家證人。

我通常不會在辦公室裡待太久，那天因為重機工具火力全開，我更是刻意往外跑。幸運的是，當電話響起時，我正好站在桌前。我壓緊話筒以減少噪音干擾。是刑警史帝夫．歐布萊特（Steve Allbright）打來的，他是重案偵查組的聯絡人。他們想找位心理師協助進行謀殺案件的調查：已經有主要嫌疑人，但還沒有足夠的證據起訴他。第一輪的訊問沒有任何成果，他們希望在下一次訊問時能施點力。他問我能否幫忙？

我解釋說，對此我並沒有任何實務經驗，但他說沒關係，他們只是需要一位心理師的意見。看來不太可能有報酬，但我會不會心動呢？我終究是答應了。

在警局裡，史帝夫帶我進辦公室認識其他組員。那是一種熟悉的亂中有序感，到處都是卷宗檔案，空氣中瀰漫著咖啡與微波食品的味道。他們給我一杯奶茶，看起來像是一杯汙水。

史帝夫說明案件事實：六十二歲的男子麥爾坎・強斯七年前在家中被謀殺，陳屍地點在他的床上，案發時他妻子睡在隔壁房間。至今尚未找到凶手。

大約同時，強斯住的社區發生多起入室竊盜案，那裡的建築主要是一排排的透天厝，每戶都有小小的前庭和後院。所有這些竊盜案件的犯罪手法都很像：從後門潛入，偷的都是小型家用電器、珠寶與其他有價的東西。比較不尋常的是，竊賊都是在半夜犯案的。

根據電視電影的情節，竊案通常發生在夜深人靜時，壞人會從窗戶偷偷溜進去。但事實上，大部分的竊賊在行動時不會想碰到人，多數闖空門案件都是趁屋主白天外出工作，家中無人時下手。（原注3）入室竊盜案最常發生在冬季傍晚，那個時間點天色夠暗，而大部分人尚未下班回家。

有個年輕的資料分析師喬加入我們。她剛入這一行，對犯罪現場剖繪與地理剖繪特別感興趣，也就是分析與犯罪有關的地點，協助找出犯人可能住在哪裡，縮小搜查的範圍。她之所以被聘用是因為福爾摩斯二代系統（HOLMES2）即將推出，那套系統含有關於重大犯罪事件的大量資訊，能夠交叉檢索英國境內每一個警隊的資料。不過新系統還沒到，她先沿用舊方式做事。她花了一整天時間，攤開地圖用麥克筆點出過去一年內，在該区案地點附近發生的夜間入室竊盜案。可惜小紅點太過密集且又多，根本判讀不出任何模型。

這些盜竊案的受害者當中，有許多人報案時除了提到遭竊，還說看到一個男人用頭套遮著臉站在床尾。如果他們不幸醒來看到這個嚇人的幽靈，對方會吼叫要他們轉過身、臉朝下、雙手放在頭上。之後他會站在那裡靜靜看著被害人，可能一會兒，也可能幾分鐘，然後才離開。由於是在黑暗的房間，又戴著面罩，嫌犯的臉部特徵完全無法辨識。其他生理特徵則言人人殊，口音則很可能是本地的。但所有證詞都指出，房間裡靜悄悄的，嫌犯似乎什麼都沒做，就只是看著他們，然後就離開了。

喬將這些特殊案件列在一張醋酸鹽紙上，這樣就清楚多了，大約十九個小紅點形成一個細長的帶狀區域，這就是竊賊犯案的地方。除了少數幾個特例是在離竊賊偏好地區較遠的地方，而且是在強斯命案發生後不久。如果這些案件有所關聯（只是推論），看來強斯的死讓嫌犯嚇到而暫時遠離通常犯案的地方。

這個區域還有另一起犯罪，就在住宅區後方的工業倉庫，情節相當不同。當史帝夫告訴我這宗犯罪時，喬小心翼翼在原來紅色區域的一端加上藍點。

強斯被殺八個月後，某個週六下午，兩名十多歲的男孩與父母到庫房整理祖母的遺物。當他們四個人忙著翻找與打包時，有個男人戴著面罩，拿著像是槍的東西（事後證實那是假的手槍，但如果你拿著它到處晃，警察會以為是真槍）悄悄闖進來，要他們都面對牆壁站立，雙手擺在頭後面，像是等候槍決那樣。當他們告訴我這件事情時，我認為嫌犯實在很大膽，竟敢闖進半開放的地方挾持四個人，即使有看起來能嚇唬人的武器，還是有可能被眾人制伏。

他們描述對方如何隨意搜刮，把東西裝進他的袋子裡，接著悠悠地走向站在最外側的媽媽，把手搭在她胸部上，然後往下伸向褲子。那是性騷擾。之後他放手，在那家人背後站了一會兒就跑走了。

倉庫的監視器沒拍到嫌犯離開的畫面。警方最後逮捕一個名叫伊恩・霍岡的人，他之前是倉庫的職員，還繼續在那裡租用個人倉儲空間。沒有人看到他離開，因為他並未離開，而是直接走進庫房，在那裡待了一陣子。他很清楚監視器的位置，只要等員工換班，他就可以離開而不會被看到。

霍岡三十多歲，失業中，已婚且有兩個年紀還小的兒子，住在離案發社區不遠處。喬標示了第二個藍點，兩個藍點剛好落在紅色區域兩端：一端是霍岡的家，一端是倉庫。這並非典型的模式，連續犯通常會以自家為中心，向外輻射犯罪範圍。不過這是一個重要線索。

霍岡因為搶劫而被判加重強盜罪，但不知為何檢察官並未起訴他性騷擾。他被判七年有期徒刑，已服刑超過一半時間，很快就能假釋回家。他也被認為與夜間竊盜案有關，因為自從他入監後，該區域的竊盜案件就愈來愈少。但這只是推測，因為沒有明確證據證明就是他做的，即使許多被偷的東西後來都在他的倉庫裡被尋獲。事實上，他的個人倉庫裡擺滿很多值錢的東西：電視與電器、珠寶、工具、仿製武器與古董武器。也有很多看似沒有價值的小東西：日曆、髮梳、擋風條。霍岡什麼都不承認，聲稱那些東西大部分都是他跟酒吧裡的人買來的。

在他倉庫裡找到的一樣東西特別要緊：強斯的手錶，一九七〇年代的手錶，錶面是黃金製的，錶帶則是有點磨損的皮革。霍岡依然堅持手錶是他從酒吧的陌生人那裡買來的，沒有人可以舉證反駁。

拼湊完整的犯罪圖像

連續犯保存「戰利品」的習慣，向來就是小說家與編劇喜歡描寫的情節，而且愈恐怖的飾品，甚或在某些個案中是身體的一部分，愈能滿足他們的癖好。這不只是虛構的故事，二〇〇六年，「戀鞋癖強暴犯」詹姆士・洛伊（James Lloyd）被發現蒐集了超過一百雙鞋子，就放在他辦公室的暗門後，哪些鞋子都來自被他攻擊的受害人。

為什麼有些犯罪者需要紀念品呢？紀念品未必是血肉軀幹之類的，即使最平淡無奇的物品，也可能作為一種證據，讓他們想起自己做過的事，以及所代表的意義。在性侵或謀殺案件中，犯罪的紀念品讓犯罪者可以重溫刺激與快感，能隨時隨地回味那個經驗。我認識一些犯罪者會將他們的紀念品送給別人，暗示著支配與控制，代表只要他想要的話，他可以對受禮者做出同樣的事。

除了手銬，在強斯家也找到不完整的鞋印，大小剛好符合霍岡的尺寸。但那是很常見的運動鞋的鞋印，而且在霍岡的倉庫或家裡都沒有找到相符的鞋子。強斯身上留有一些黑色羊毛纖維（可能是手套或面罩），跟竊盜案現場發現的纖維一致，但同樣的，這些都無法證明與霍岡有關。

欠缺確鑿的證據，警方需要加把勁才能建立有說服力的論證，指控霍岡是殺人凶手。在這樣的調查中，資源很有限，畢竟那不是重要或高度受關注的案件。事實上，一個老人在家裡被殺，很快就不在媒體的雷達掃描範圍內。霍岡的倉庫有那麼多東西也點出一個實際的問題：要將每件東西都送交鑑識分析，既花錢又耗時間。若沒有任何新發現可以開啟新的偵查程序，這個案子就像他們說的，會冷掉。

那天我跟史帝夫初次開會後，我回到車站，獨自一人坐在小小的候車室，翻閱在強斯案的犯罪現場找到的證據。看著死者的照片，不會因為多看幾次就覺得容易些，尤其如果死狀頗為羞辱或殘忍。那種感覺就好像誰穿著睡衣或上廁所時，不小心被你給瞧見了。我們覺得死亡是不應該被看見的。

死亡是如此私密的時刻，是最私密的事。但有時我看的不只是被害人的身體外觀，也看外露的臟器、被敲破的大腦、暴露或被閹割的生殖器。肯定沒有別的東西比個人的內部器官更私密。看著這些景象，我的感傷總是久久難消。

犯罪現場的照片鉅細靡遺記錄著某件難以言說的事如何發生。有半數的殺人案件發生在建物內，所以我時常參觀別人的房子。

一旦發現犯罪，鑑識團隊會進入現場做層層的檢視，就像剝洋蔥那樣。每一層都會記下證據，精心加以標籤，回溯事件原貌，與調查人員及相關當事人談話，找出關鍵問題。

有時候如果驗屍時也做了紀錄，可能會拍下被害人真正的內在。病理學家從屍體的正面劃出一條長長的切口，然後將器官移出並拍照。另一刀則從頭骨後面切開檢查大腦，每個步驟都會拍照。

有個令人遺憾的事實，我見過不少嬰幼兒的受害照片。家庭署殺人案件指數（Home Office Homicide Index）顯示，每百萬人口中因殺人案件而受害或死亡的人數，一歲以下的幼童占比最高。這表示人在出生十二個月內比其他年齡層更容易遭遇暴力致死的事件，而且絕大多數都是被親生父母或繼父母殺害的。

每當我看著屍體的照片，會在腦海裡與死者對話。大概像這樣：我很遺憾你遇上這種事。讓我們看看你能告訴我什麼好嗎？聽起來有點蠢，但我心懷敬意，即使這個人已經死了，根本不知道我在做什麼。我這麼做既是為了亡者，也是為了他們的親友，或者是為了我自己。我對於死亡並未抱持任何宗教或浪漫的想法，但我認為人們應該握著所愛之人的手逝去，而不是因暴力而亡。

通常要經過幾秒鐘之後，我才會開始進入狀況。身體總是最先有反應的，彷彿有股電流通過皮膚般令人不快——所謂的「皮膚電阻感應」（galvanic skin response），也就是身體對壓力的即時反應。我正看著凶案現場的照片。我嘗試在腦子裡重建事發經過，設想相關當事人可能的想法、決定與行動。也就是說，我並不是會「讀心」的神奇巫師，更像是讓自己進入他們的角色。我試著尋找實際的線索，問對問題、找對證據、回答問題。我始終明白我所看到的並非事實全貌，但有時候就只能找到這些。這像是一種心理學的連連看遊戲，只不過可以連的點有限。

這類現場照片怎麼看都怪，但看久了會習慣，我會以超然的專業角度來分析。就像任何棘手的大工程，我會把案子分割成不同部分來處理，一次做一點，一步一步來。專注於細節，最終如果運氣好，就能拼湊出整個圖像。

我攤開一張張在強斯家拍的照片。那是有兩間臥房的透天厝，上樓的階梯狹窄，直通後側臥房，也就是強斯睡覺的地方。他患有呼吸中止症多年，打呼聲很大，時常在夜裡吵醒妻子還有他自己，所以那晚他悄悄溜到另一間臥室睡（妻子睡覺都帶著耳塞，強斯被殺時她毫不知情，直到消防警報響起，她跑進另一個房間才發現丈夫陳屍地板上。）

照片顯示床鋪上有個枕頭沾滿了血，床頭板也有血漬。他是在床上被殺的，然後屍體才被移到地板上。他的頭位於床的右角和衣櫃間，身體微微側翻，一隻手臂往前伸，肩膀微微弓起，壓在下方的手臂好像托著身體。姿勢有點不自然，像是翻身掉到床下，而從衣櫃鏡子看到的反射，彷彿變成了兩具屍體。

他的後腦被重擊四次，顱骨破裂。

從照片看來，身體沒有什麼傷口，倒是手指比較引人注意。右手兩根指頭扭曲，應該是被打斷了，而且十指嚴重瘀血，像是被重物敲過。那不是以手防衛會造成的傷害。病理學家認為，他遭到重擊時雙手護頭。

照片也顯示，陳屍處的地毯和睡衣的衣角有被燒過的痕跡。看來凶手亟欲掩滅證據，但可能觸媒不夠，所以火點不著，結果卻讓消防警報響起。

我不知道凶手為什麼要把屍體從床上搬下來，那是費力又不必要的舉動。如果某個行為沒有實際目的，往往可能是心理需求。但為什麼他要把屍體丟在鏡子前面？

蘇格蘭連續殺人犯丹尼斯・尼爾森（Dennis Nilsen）殺了至少十二名年輕男性。據說他會替被害者的屍體洗澡、著裝，然後進行某種儀式。在尼爾森完整的自白中，他說到在學校被一個男孩霸凌，後來那個男孩淹死了。他回想看到男孩半裸的屍體被打撈上岸時，自己那種歡欣又興奮的感受。曾經讓他恐懼的人再也不能說話了，只能接受護士和禮儀師的安排處理。這個重要時刻對他來說充滿魔力，激發他日益偏差的性幻想，後來他沉迷於名為「梅杜薩之筏」（The Raft of the Medusa）的畫作，那是西奧多・傑利科（Theodore Gericault）一八一九年的作品，描繪法國軍艦梅杜薩號沉沒後的情況，在自製的船筏上有個老男人抱著一個年輕男人裸露而蒼白的屍體。

尼爾森被判無期徒刑，關在富爾蘇頓監獄（HMP Full Sutton），我曾經跟他有過一次令人毛骨悚然的對話。他用蘇格蘭口音告訴我，不管勒死或淹死都只是手段，而非目的。

他會架著被害人站在鏡子前面，如此一來他就可以看到自己抱著他們，這是他古怪的儀式之一，也是他給自己的獎勵。他說他喜歡看到被害人的身體呈現出類似那位溺水的霸凌者被撈出水面的姿勢，無力又無法抗拒。看到自己抱著被害者的鏡中映影，被害者雙手垂在身體兩側，這一幕對他來說是一種視覺的戰利品，往後每當他不好過時，就可以重溫這個充滿力量的片刻。

回到本案，凶手是否費力將屍體拖下床，以便在鏡子前面看到自己抱著他呢？他是否像尼爾森，渴望透過視覺形象展現自己對另一個人的權力？

身體的反應不會說謊

下一步是要看看警方逮捕霍岡之後的訊問內容。我手上有做好的筆錄，但有許多行為資訊不會顯示在筆錄裡，所以我只看訊問時的錄影畫面。

史帝夫說得沒錯，霍岡透露的訊息很有限。那些模糊的影像顯示他翹腳坐著，雙手搭膝，這是一種無意識的動作，目的是要確保他的身體不會洩漏任何不利的資訊。他是個很會隱藏的人。

訊問是根據警界熟知的 PEACE 標準流程進行——準備／計畫（preparation/planning）、解釋訊問目的（explaining the purpose of the interview）、要求嫌犯解釋證據及發生的事（asking for the suspect's account of the evidence/what happened）、質疑他們的說法／結論（challenging their account/concluding）、評量（evaluation）。據此警方可以確保在訊問過程中盡可能蒐集到最多的資訊。英國警察都接受過 PEACE 的訓練，近來這項技巧配合不同的犯罪領域，已擴展成多階段的訓練。

霍岡在回答警方的問題前，會先緩慢地深呼吸兩次。這讓我想起曾受過的專家證人訓練，我們稱之為「法庭旋轉」（courtroom swivel）：當律師問我問題時，我不能直接回應，我要先看向陪審團或法官，然後才作答；這麼做不只是因為禮貌，也能緩和整個過程。說完想說的話之後，才轉回去看律師。一旦我能確保自己的回應切中要點且正確傳達我的意思，就不會被迫快速交談或不小心說錯話。要在壓力下作答，而且大家都等著看，實在不容易，所以多花幾秒鐘時間想想比較保險。

警官：你可不可以解釋一下，你怎麼會有強斯的手錶？

霍岡：〔兩次呼吸〕我記不太得了，我跟很多人買過很多東西。可能就是我跟別人買來的吧。我不記得是什麼時候了。〔眨眼〕

幾個小時後，霍岡模稜兩可的答案逐漸惹惱警方，看得出來他們愈來愈不耐煩，肢體語言變得更激動，問題也更尖銳。研究顯示，即使受過訓練的警察在偵訊時也可能會失誤，不管是打斷嫌犯說話、提出封閉性的問題，或者要求嫌犯回答假設性問題。

坐在偵訊桌對面的警官把屍體照片丟給霍岡，然後靠向椅背，雙臂環胸。霍岡咬緊下顎。

警官：你殺了他，對吧？

霍岡：（兩次呼吸）不是我。

警官：你把強斯打死在床上。

霍岡：（兩次呼吸）不是我，我沒有打任何人。

我注意到霍岡每次回答完都會先稍微點頭，調整一下姿勢，然後像訊問者一樣雙臂環胸。動作不大，但這樣的肢體表現與嘴裡否認是互相矛盾的。兩位警官則未多加留意，他們一個正在看照片，另一個則看著同僚。

六週後，我再次協助進行訊問。霍岡從監獄轉出到警察局的拘留室待兩天。警方替他登錄資料時我瞄了他一眼，看起來比錄影畫面裡還要嬌小，而且也憔悴了不少。

在此同時，史帝夫與我設計了詳細的訊問計畫。我建議，既然窮追猛打的方式行不通，而且霍岡明顯「心理抗拒」（別忘了他可能是無辜的，訊問目的是得到可靠資訊，而非犯罪自白），那麼讓他主導訊問過程或許會有比較好的結果。從竊盜案中可以看得出來，他是個喜歡掌控的男人，所以我們決定給他掌控權，看看是否能夠讓他吐實。這表示警方要盡量保持沉默，等他說話，必要時做出回應，甚至問霍岡有何感受，總之就是表現得更客氣一些。

所有的警方訊問，無論針對被害人或嫌疑人，都受到《警察暨犯罪證據法》（Police and Criminal Evidence Act）的規範。這項立法確保訊問過程牽涉到的每個人都能獲得人道且公平的對待。為了避免施壓取供，訊問過程必須錄音錄影，才能用做證據，同時亦許可像我這樣的專家證人可以不在場觀看。我走進小小的偵訊室，坐在史帝夫與打字員之間，看著電視螢幕上另一個偵訊室裡的狀況。兩位警官坐在霍岡與他律師的對面，開始進行正式的訊問程序。霍岡坐得筆直，雙手擺在膝蓋上。

偵訊進行了大約一小時後，霍岡有機會主導訊問，他看起來鬆懈許多，也會自動說話，尤其提到他被判有罪實在不對。他認為警方應該跟他的酒友談談，以及看看他倉庫裡那些好東西。他對於自己收藏的古董武器特別在意，也說被判刑後那些東西就被銷毀，實在很不公平。

他看起來很憤慨，訊問者守住策略，並未催促他回答什麼。霍岡一再抱怨那些物品的處理，包括一把仿製槍械也被扣押。他不斷講到有哪些東西被銷毀，「我簡直不敢相信，他們竟然銷毀那些東西。那根本沒有違法，對吧？被銷毀了吧，不是嗎？」

他再三想要確認那些武器都已經沒了。這實在有意思，為什麼那些東西對他來說那麼重要，他都被關四年了還念念不忘？顯然他不知不覺引導我們走到問題核心。

這次訊問花了兩天。警方讓霍岡隨意談起他想說的事。但如果觸及直接的問題，他依舊維持一貫的、簡短的否認。有時他的反應像是照著劇本走，好像之前排演過這些回答：「我殺了強斯？我不會打一個老男人，我是那種連蒼蠅都不敢打的人。」

但是霍岡沒料到警方問他的最後一個問題，那像是一計回馬槍。我們事先就安排好這個問題，也就是所謂的「銀色子彈」[1]，出其不意。

「你是否撐起強斯先生，看著鏡子裡的自己抱著他？」

我仔細觀察霍岡，他抿著嘴，那是一種恐懼的表現。他的身體顫抖，頭也晃了一下。他把椅子往後移，好像要讓自己與那個問題稍微隔開一點。突然間，他顯得有些慌亂。「你想說什麼？」他有點不快，然後倒抽一口氣，閉上眼睛，壓低音量，堅決地說：「不是我，不是我。」但他的身體反應背叛了他。

如果一個人說謊，尤其是說出真相會讓他坐牢時，他的大腦就會進行額外加工，確保自己所說的不會露餡。當賭注很高，一個騙子就必須確保自己所說的話、所做的事，聽起來與看起來跟真的沒兩樣。儘管他們的心裡擬好一套完整計畫，身體卻常會瞬間並無意識地洩漏真相。即使像霍岡這樣高度自覺的人，也是如此。

一九六〇年代，美國測謊專家保羅・艾克曼博士（Paul Ekman）首次分析了

1.編按：silver bullet，引申比喻強而有力、可一勞永逸適用於各種場合的解決方法。

像霍岡在訊問時出現的這種無法控制的生理反應。(原注4) 英國情緒智力學會（UK Emotional Intelligence Academy）的行為分析師已找出所謂的「三二七法則」：(原注5) 如果一名嫌犯同時出現三種反應（例如點頭、臉紅、音調降低），使用了六種傳達情緒資訊的方式（互動風格、聲音、口語內容、臉部表情、身體動作與生理變化）中的兩種以上，而且這些都發生在問題提出後的七秒鐘內，那就是可靠的說謊跡象。我們當時還不知道這些知識，只知道霍岡說的話和他的身體反應是不相符的。

過了一會兒，霍岡冷靜下來，做了好幾次深呼吸，訊問也結束了。但他對那個問題的異常反應，加上他急於確認他的武器是否已經被銷毀，都足以讓史帝夫與他的團隊相信，值得投入更多資源檢視該案的證物，或許會有幫助。

後來他們找到翻轉遊戲的證據。原本的仿製手槍經鑑識沒有找到任何線索，已經被法院命令銷毀。但幸運的是，霍岡有個大洗衣袋，據霍岡所言，那個袋子是用來裝他的武器，而袋子還跟倉庫裡許多沒有被鑑識的物品存放著。經過鑑識分析，袋子內側底部有極少量的血跡，而且是強斯的血。

霍岡可能是用他那把仿製手槍的槍托打死強斯，而槍上的血跡沾染在袋子底部。有了這項關鍵證據，偵查團隊終於可以起訴他，最終獲得有罪的結果，讓霍岡得在監獄裡多待很多年。

接到史帝夫的電話，成為我開展全新職涯的起步，帶領我接觸新的顧問工作，與許多警界人員建立關係，成就我私人執業的豐碩成果。

我永遠都不會知道是什麼原因讓霍岡殺了強斯。我猜測是強斯挑釁他，損及霍岡的自尊心和控制慾。一路下來霍岡都堅稱自己是無辜的，直到謀殺案審判開始的第一天，他在最後一分鐘改採「有罪」答辯，他抓住最後僅有的控制力，認了罪。

第七章

侮辱與傷害

人類的大腦實在不好看，粉粉灰灰又滿是皺摺，還黏黏糊糊的，但外表當然是會騙人的。

——彼得．金德曼 Peter Kinderman，《心理學新法則》（*The New Laws of Psychology*）

蓋瑞走到哪裡都提著超市的袋子，一個亮橘色的塑膠袋，上面畫著大象的卡通圖樣，標語寫著「我又強又堅固」。有時他會在裡面放東西，但通常只是拿著空袋子。他不在乎，那是他一輩子的袋子。

我後來才曉得，如果舊的袋子破掉了，或者其他受刑人偷走或弄壞了袋子，他媽媽會再幫他換上新的。有次他在牢房裡大吵大鬧，只因為有個獄友用香菸在他的袋子上燒了個洞。

蓋瑞的律師曾請我評估他的狀況，他家人想知道如何幫他更快脫離像迷宮般的監獄。雖然他並未被判無期徒刑，但長期坐牢也差不多意思了，因為他服的是公眾保護刑（Imprisonment for Public Protection），不知何時才會結束。

這種刑罰現在已經被廢除了，當初是前任內政大臣戴維．布蘭克特（David Blunkett）草率實施的政策，目的是要保護社會大眾不受罪行重大但又不到無期徒刑程度的罪犯之危害，而且適用於一百五十三種犯罪，從在公共場合鬥毆到過失致死。公眾保護刑在二〇一二年廢除，但至今還有很多人在服這種刑，它有最低刑度（所謂的「基本刑」），除了基本刑外還可以追加到九十九年的最長刑期；

這表示基本刑期滿之後，可能要再服最長九十九年。受刑人必須出具符合假釋的要件，向假釋委員會申請出獄。

缺乏白紙黑字的規則，公眾保護刑實際運用的範圍比原先預想的更廣，而且被許多法院誤用。很多罪犯被判短期的基本刑，但繼續在牢裡待了好多年，只因為他們無法達到假釋委員會的要求，故而擔心出獄後他們可能會再犯。

假釋委員會由三位法官主持，基於犯人是否對公眾繼續造成風險而判定誰可以回家、誰不能回家。然而，就像監獄心理師羅伯特・福德（Robert A. Forde）在著作《心理學之惡》（*Bad Psychology*）中所說的，我們統計預測一個人會不會再犯，其準確率最多只有百分之七十。（原注1）這當中的差距大到嚇人，而司法制度喜歡用矯正課程來加以彌補，並且以受刑人能否完成那些課程來評估，且執著於探討他們的悔改程度。

我曾與蓋瑞的律師詹姆斯合作，他是個好人。二〇〇九年，當時我的私人執業已經上軌道，在北區巡迴法院的律師界已建立名聲，他們知道我寫的報告不會胡言亂語，也沒有行話。尤其我對嚴重暴力、性暴力或任何涉及心理問題的案件，向來直言不諱。詹姆斯打電話給我，表示有個案子的情節之一是，偷了鄰居曬衣架上的女裝，拿去穿在驢子身上。「我覺得妳應該會感興趣，」他這麼說，並沒有嘲諷的意味。

那是在財政緊縮之前，那時候政府還提供需要者法律扶助，而如果律師對當事人的心理狀態有疑慮，他們會請心理師做出一份獨立報告。律師的工作可不輕鬆。他們沒有受過這方面的訓練，卻必須注意當事人的精神問題，或者所有問題。像蓋瑞案的律師既要協助處理當事人的心理問題，又是他的代理人與法律顧問。我看過當事人在做鑑定時握著律師的手，也有律師會一大早買咖啡給當事人提神。我認識一個律師還跟當事人交換衣服，只為了讓他去參加工作面試。

雖然他們為的是當事人的利益，不過我在評估時是完全獨立的，一個好的律師會理解並感謝我提出的專業意見。我與許多律師建立良好的專業關係，其中詹姆斯尤其令人敬佩，因為他始終努力提供實際的意見，而且尊重當事人。

詹姆斯解釋說，假釋委員會不太可能判斷蓋瑞符合假釋資格，因為他總是會做出衝動的行為，跟其他受刑人常常起爭執。他會在午餐時間偷走其他受刑人的食物；有時吃掉，有時丟到桌子上，這種行為很危險，可能讓他招來一頓揍。最近蓋瑞因為在放風時間（讓受刑人進行社交活動）脫褲子露屁股而惹了麻煩。

蓋瑞也因為白目而讓其他受刑人更討厭他。他不只極度寶貝他的袋子，當其他人問他為什麼進監獄，他會說實話，但人家永遠不相信。

監獄裡的人認為他就是「性侵犯」。他侵犯一個十三歲的女孩，在公車上摸了她。在監獄虛偽的榮譽階級裡，蓋瑞被認為是最差勁的罪犯（最高階的是持槍搶劫，搶銀行被認為是光榮的，像羅賓漢那樣劫富濟貧）。比較聰明的性侵犯不會明目張膽說出自己的犯行，或者會說個冠冕堂皇的理由。但蓋瑞沒辦法這麼做，他一定會據實回答，而那些事實讓他更容易受到攻擊。

蓋瑞一直跟其他受刑人打架。我有兩次看到他的眼睛瘀青，還有幾次的面會在最後一刻被取消，因為「他被關到別的地方」，也就是被送進禁閉室。違反獄中規則的標準懲罰，就是剝奪權利並拒絕接觸。在禁閉室裡，你可以帶一本書，如果你有書的話；獄方會發牙刷、塑膠杯、碟子、碗與塑膠餐具。你也會拿到一條毛巾、一些牙膏，以及半塊肥皂。沒有收音機、沒有訪客，跟其他受刑人或工作人員沒有互動，肯定也沒有什麼袋子。

更麻煩的是，蓋瑞沒有完成假釋委員會期待他完成的任何犯罪矯治計畫。這是他待的第二個監獄，而他在第一個監獄裡也沒有進行判刑內容中明定的任何矯治方案。他面前有許多要克服的難關，跳過就自由了，對許多公眾保護刑的受刑人來說，都是相似的處境。他在「強化思考技能訓練計畫」的候補名單上已經等了一年，這個小組的目的是教導問題解決與思考的技巧，他曾上過兩堂課，但他在第二堂課時尿在地板上，後來就寧願待在牢房裡也不去上課。蓋瑞不只沒有被矯治，甚至也不願繼續參加任何教育或工作方案。所以他本來只被判十個月的刑期，現在延長到將近四年。

蓋瑞的家人與詹姆斯想知道如何幫助蓋瑞好轉，至少有一絲的希望能獲釋。

刑罰體系與格格不入的受刑人

我光用想的，心裡就覺得沉重。刑罰體系與格格不入的受刑人，不可能有好的結果。我可以盡力提供各式建議改善蓋瑞的行為，但最終癥結在於資源不足，大部分的監獄都資源匱乏。蓋瑞絕不可能變成模範受刑人，或有足夠的口才讓假釋委員會的評鑑者都喜歡他。然而我希望至少能提供一些關於他的危險程度的客觀資訊，以及有什麼方法可以讓他在獲釋後避免惹上麻煩，這些意見可以作為他的案件審查的討論內容。

詹姆斯給我一份證人證詞，那是公車事件上相關人證的說法。這樣的作證往往很難讀懂，因為警方詢問時是逐字記下來的，沒有任何標點符號，紙上密密麻麻打滿證人說的話。欠缺結構的編排也讓案件事實更不明確，彷彿隱藏在文字森林裡。

我讀完後的第一印象是，那晚在公車上真是一團混亂。時間大約是晚上七點，四個十多歲（約十二到十五歲）的青少年看完電影（他們看的是《神鬼奇航》，似乎預示了這場意外）搭公車要回家。他們拿著小熊軟糖和氣泡飲料坐在公車上層，分散在不同的位子，標準的青少年作風。

那些孩子描述說，蓋瑞也坐在上層，好像睡著了，而且膝蓋上擺著橘色的袋子。根據他們不經意的描述，我想蓋瑞除了睡姿怪，看起來也不太正常。其中一個女孩慫恿另一個女孩去摸蓋瑞的臉，這個行動引發後續一連串的事件，最後造成蓋瑞被關起來。另一個女孩如此陳述：

瑞吉兒摸他的臉，他醒來了，然後達倫對著他喊弗拉戈。[1]他對瑞吉兒說：「妳是喜歡我嗎？」然後我們都跑走，一邊喊著：「給我滾，怪咖。」接著瑞吉兒開始尖叫，他抓住她並將手放在她的裙子上，還捏她。卡爾跑過去，他摸到卡爾的屁股，但卡爾只是大笑。

這些陳述都說到：蓋瑞被吵醒，然後跨過座位，隨手想抓住那些孩子。尤其是那個叫瑞吉兒的女孩，她形容了他怎樣騷擾她，還用力捏了她的胯下。看到情況失控，另一名乘客將蓋瑞壓制在椅子上，直到公車靠站才打電話報警。

蓋瑞看起來就像刻板印象中搭公車的骯髒老人，雖然事實上他只有三十多歲。我們都會警告孩子要小心那種奇怪的人，女人更是要提高警覺做好準備，保

1.譯按：英國電視卡通《布偶奇遇記》裡的角色。

護自己不會被騷擾。最新的英格蘭與威爾斯犯罪調查顯示，約有百分之二十的女性與百分之四的男性，從十六歲起就有過被性侵犯的經驗；二〇一七年，估計僅這類被害者的人數就達六十五萬人。（原注2）

侵犯者不見得是坐在公車後座或躲在陰暗巷弄的怪咖。人們以為性侵案件主要是陌生人下的手，而且牽涉到極端暴力或武器威脅，但至少在大部分的情況裡，事實並非如此。讓人難以面對的真相是，多數性侵與強暴案件，無論受害者是成人或孩童，加害者都是認識的人：家人、夥伴、工作上的同事或熟人。性騷擾，像是吹口哨與其他類型的霸凌行為，在公開場合相當常見，但實際上最有可能發生在被害者家中。

看過這些孩子的供詞之後，我到蓋瑞被關的監獄（離他父母在博爾頓的住家兩小時車程）跟他會面。見面地點在監獄的弱勢受刑人獄所（vulnerable prisoner unit）。獄方為了保護受刑人，必要時可將之隔離，而性侵犯往往是弱勢的受刑者，同樣弱勢者包括警察的線民、曾擔任警察的人，以及那些吸毒而積欠大筆債務的人。不過像蓋端這類受刑人時常有學習障礙或其他可察覺的異狀，使他們更容易成為他人的攻擊目標。弱勢受刑人通常收容在離主建物較遠的專屬牢房，或者每天放風的時間會跟其他囚犯錯開。

我坐在空蕩蕩的小會客室裡等他，牆上有個壓克力材質的窗子，確保獄警可以看到我跟他的交談情況。獄警就像衛兵一樣站得筆挺，看到我得空了便走進來跟我聊聊，畢竟人對新面孔總是有好奇心。他輕鬆地倚著牆，說起這座監獄的弱勢受刑人房已經供不應求，所以他們不想讓蓋瑞留在這裡太久。但是只要他回到主樓，不消幾天，他又會跟別人起衝突，然後又得回到這裡或是禁閉室。他邊說邊翻了個白眼，好像認為蓋瑞實在蠢得可以，顯然沒意識到其中的矛盾：蓋瑞如果有選擇的話，怎麼會老是讓自己惹麻煩。

後來蓋瑞走了進來，他動作很慢，體態臃腫，突然朝我伸出手，好像一個老人家掉了助行架那樣。我注意到他左手抓著已經褪色的袋子，還有一封詹姆斯寫給他的信，提醒他我會到訪。我伸出右手要跟他握手，但讓我驚訝的是他拍拍我的頭，還用手指撥撥我的頭髮，好像把我當成拉布拉多犬。他長得頗高，至少一八〇，而我只有一六〇。這份工作做久了，你會習慣個人的領域被侵犯，社會常規與禮貌也比較少見。我當時入行已久，哪種侮辱方式沒遇過，所以我什麼也沒多說，再次伸出手，但他又再次拍拍我的頭。我往後退一步，溫和地說：「蓋瑞，請不要這樣做。」他把手垂下來，彷彿我打了他的手背一樣。我覺得不解，該生氣的應該是我。被人像狗那樣拍，通常一定會被激怒，可是我並未覺得他不尊重我或試圖威脅我。

我引導他坐到那張不太吸引人的塑膠椅上，我心裡暗忖，那張椅子不知能否承受得了他的體重。我們簡單地自我介紹。我注意到他講話不太流暢，發音顯然也不正確，他不太會發捲舌音，所以把自己的名字唸成蓋威，而不是蓋瑞。

我問他過得還好嗎，意外聽他抱怨起自己的腳。他很擔心自己的腳，覺得沒力又容易顫抖。當他說話時，我會做筆記，而每當我放下筆，他就拾起筆反覆塗鴉或寫些東西。我必須一直跟他要回我的筆，但要等他完成大作才願意歸還。他似乎記不住不要做這樣的事。拿筆寫東西是一種「利用行為」（utilization behaviour），也就是一個人會用對的東西做對的事；蓋端的問題是，他會像每個人一樣拿筆畫畫，但他不會掌握時機和狀況。

就像任何工作一樣，在心理學領域，要發揮效率，你必須知道自己技能的限制，以及需要別人的哪些能力與協助。我不是神經心理學家，他們才瞭解大腦的運作，以及大腦對行為的影響，但我不禁懷疑蓋瑞的問題會不會是生理的，而非心理的。

我要求檢視他的醫療紀錄，但獄方的檔案裡完全沒有。蓋瑞去第一所監獄報到時，他甚至沒辦法告訴他們他登記的家庭醫生是誰，於是事情似乎就擱置了。沒有人知道他過往的醫療情況，所以在他入監之前所發生的任何事，根本就被遺忘了。（這種情況絕非罕見，我們的公共服務出了問題，負荷又過重，無法達到傳說的那種整合思考。）他做過標準的精神健康問卷，總共九個問題，分三次完成，他並未回報任何重大問題。有幾次醫師到監獄訪視提出報告，但都僅只於他含糊抱怨自己的腳和一些小傷。我注意到他的腳被香菸燙傷，背部也有嚴重的瘀傷，可能是其他受刑人幹的好事。

要瞭解蓋瑞那些無法克制的行為是什麼原因造成的，我必須對他的背景有更多的認識。但要與他進行深度訪談不太容易。我無法從他那裡獲得任何有意義的資訊。他還是繼續談他的腳，以及他的牢房裡沒有把手，該有把手的地方只有一塊鐵板。當我問及他入監之前的生活細節，他說：「我媽知道，問她吧。」幾乎我問他什麼事情，他就推給他媽。「蓋瑞，你以前有工作過嗎？」「你念過哪一所學校？」他都會重複回答，「我媽知道。」顯然他很倚賴媽媽，即便成年以後還是如此。我需要跟他媽媽聊聊。

蒐集個案的各種資料

因為獨立執業的關係，所以我自己聯絡各種事情。我有完全的自主權，可以自己安排工作，保留我需要的時間，這對當時深受梅尼爾氏症所苦的我來說很重要。對我的當事人也很有幫助，因為我能提供個人化的服務，而且可以隨時開車去辦事。

當然，缺點是私人執業較無法與當事人建立深度的醫病關係。你要趕時間、進行訪談、給出建議，而且很快又得出門。完成工作時的滿足感，也會伴隨著孤單感，因為缺少每日的人際互動機會，不僅是與同事，還包括病患或當事人。

隔週我就開車來到蓋瑞的媽媽位在博爾頓的住家。我因為工作關係去過許多人的房子，與許多憂心的父母面談，但這次是最溫馨的一次。大門的門環格外顯眼，我看到對方拉開窗簾確認是不是我。她打開門，但沒解開鎖鍊，「是凱莉嗎？」她的口氣好像我是她很久沒回家的女兒，而她實在不敢相信我終於回來了。我才要出示我的證件，她就整個把門打開。

進到屋內，牆上有個牌子寫著：「這個家不會髒到讓人生病，也不會乾淨到讓人無趣。」突然間我想起祖母的房子，她的廚房裡也掛著這樣的牌子。雖然我是第一次到訪，但很快就迷上這滿滿的懷舊味。

她竭盡待客之道，擺出成套的餐具，還有一壺茶、一盤卡士達奶油餅乾等著我。我們坐下來聊，她的痛苦就像壺裡的茶一樣傾吐而出。她顯然正需要跟人好好談談。她不明白什麼是公眾保護刑，也不明白為什麼蓋瑞四年後還被關在牢裡。他不是性侵犯，他們怎麼可以說他是性侵犯呢？她這麼問我時，眼淚撲簌簌流下。顯然她無法接受這樣的事實。

我們無法體會性侵犯的家人所經歷的痛苦。失去親人、孤單、羞愧與罪惡感，這些都是他們不快樂的原因。眼前這位母親的情況更糟，因為兒子被關在離她很遠的監獄裡。蓋瑞的爸爸已經過世了，而她又不會開車，所以根本很難見到兒子。

她告訴我，有一年聖誕節快到時，她長途跋涉帶些禮物去看蓋瑞。但是當她到達時，他們說蓋瑞被關進禁閉室，所以無法訪視。她想要把禮物留給蓋瑞，可是監獄人員將東西退回，告訴她：「抱歉，但他實在很不乖。」

我問她有關蓋瑞過去的狀況和病史，她說蓋瑞小時候「就得了很嚴重的癌症」。至少有些線索了。但顯然她對蓋瑞的問題，以及過去的疾病對成年的影響，並不是很理解。她只想讓我知道，她已經把每件事都做得很好。她提起以前蓋瑞做化療時，她如何細心照顧。我相信她是善意的，但可能也會讓人窒息，因為她堅決自己照顧孩子，不讓任何人插手。她拿出一整盒蓋瑞小時候的照片要給我看，照片裡有蓋瑞跟祖父母一起在花園，還有在學校拍的大頭照。蓋瑞已經拿到中等教育普通證書（GCSEs）。她已盡全力將蓋瑞教成一個正常的孩子，她需要我認同這一點。

雖然她沒辦法跟我說更多事，但她指引我找到家庭醫生，之後就能建立完整的病歷資料。那並不是我的工作內容，我的工作只要求提供心理學方面的意見或判斷，但搜尋大量的書面資料，不論醫療檔案、警方紀錄、證人陳述、學校報告與教育評量，都是做好這份工作的一部分。在當時更是如此，身為一個執業的心理師，我只能仰賴自己的資源，無法輕易取得病人的檔案。這是一份耗時又讓人心力交瘁的任務，必須跟各種辦事人員打交道，而他們往往認為分享任何資訊都是不對的，要恪遵醫病保密規定。甚至有些人可能已經離開原來的崗位，或者太過忙碌、壓力太大而沒空理我，尤其我問的可能又是他們已經二十年未看到、未想過的事。

我花了將近兩個月的時間，終於找齊我需要的病歷資料；有天晚上我發現搜集到的文件資料，疊起來將近四十公分高。我彙整與分析各種資料，忙到深夜，而蓋瑞的人生故事在我腦袋裡逐漸變得清晰起來。第二天一早，我立刻打電話給詹姆斯。

他的大腦秀逗了

蓋瑞四歲時就被診斷出患有急性淋巴白血病，直到七歲前都持續接受化療。他也接受密集的顱骨放射治療，對於罹患他這種特殊白血病的患者，這是常用的療法，但對大腦造成影響的風險也更高。

我不是神經科學家，但那晚我做了一些初步的研究，瞭解顱骨放射治療可能的副作用之一，是損害大腦的額葉（frontal lobe），額葉位於眼睛後方，影響人的各種運作功能與心智能力，從記憶、彈性思考（做出判斷、瞭解原因與後果）到控制各種驅力與衝動。

我猜測蓋瑞大腦中這塊「控制板」已經因為癌症治療而受損，只是多年來未被察覺。他上一般的學校，但因為治療而失去很多學習機會，他也很努力想結交朋友（校護記得一件很可悲的事，她說蓋瑞的同學曾將他丟進垃圾車）。他大概也盡力想要跟上課業，儘管每一科都是最低分通過。有個兒童心理師曾經幫他進行鑑定，那時他十歲，智力分數大約是八十五，稍低於平均。後來他二十五歲時，有個神經心理學家為他再做一次鑑定，智力已將降到七十二。顯然情況持續惡化。

有次他被發現在街上遊蕩，茫然不知所措，然後就被送進精神病院。接下來警方也盯上他。他被形容為「情緒不穩」又「過動」，但「沒有跡象顯示是精神疾病……這個年輕人有行為障礙」。他後來又進出精神病院很多次，直到二十九歲時，被送進當地的大腦損傷復健機構進行鑑定。就在發生那件造成他被定罪的事件前幾年，他正式被診斷出有額葉症候群。只要在網路上輸入這個名詞，就能瞭解它的症狀，包括過度熱情、幼稚行為與不適當的性反應。患者可能也無法輕易轉換念頭，常執著於別人的一些言詞或態度，即使都過了很久。此外，他的大腦裡也有腦膜瘤持續擴大而壓縮了額葉，導致行為改變與惡化。

腦膜瘤通常是良性的，但它長得愈大，就會造成愈多問題，所以醫生告訴蓋瑞要盡快動手術將它移除。我也注意到蓋瑞過重，使得手術有更大的風險；一直想吃東西也是額葉症候群的症狀之一。他也有嚴重的呼吸中止症。然而，無論如何，蓋瑞必須手術移除這個不斷增長的瘤。

蓋瑞的病歷就結束在這裡，接下來是很多預約診療日期的信件，大概有七、八封信寫著同樣的事：「您未準時到診，請聯繫我們以利重新安排。」他從未進行手術。

通常只要找到受刑人的親友，就能得到有關他的行為與狀況的有用資訊。在當時，監獄中有大腦損傷的人估計約占百分之十到二十。（原注3）有人認為英國的受刑人裡，約三成有學習障礙或自閉症類群障礙。在英國監獄中，六十歲以上的人數成長最快，而這些人更可能受到神經問題影響，像是老年痴呆症與帕金森氏症。（原注4）而除了非常少數較進步的獄政單位，多數監獄不知道怎麼處理這些受刑人，甚至渾然不覺有這類問題。這些人若沒有得到妥善治療，可能會深陷在刑事司法體系中進退維谷，畢竟監獄的環境讓他們幾乎不可能做到被期待的循規蹈矩。尤其對那些患有自閉症類群障礙的人來說更是如此，監獄的燈光與聲音對他們來說就是一種痛苦的折磨。但他們的家人知道實際情況，只要讓親人有參與的機會，就能改變監獄給人的感受。

有時候你會挺身而出，你知道你要做的是完全不同的事。蓋瑞不需要看心理師，他需要的是神經外科醫師。詹姆斯聯繫獄方，讓他們知道究竟發生了什麼事。在醫生搞清楚蓋瑞的身體問題之前，我的鑑定意見被暫時擱置。在他手術之後，我會再與他碰面，一起進行風險評估，找出讓他獲釋的可能途徑。

兩個月後我接到他媽媽打來的電話。蓋瑞轉出監獄進行手術，但在復原時中風，三個星期之後就過世了。

司法心理師穿梭在人們的生命與故事裡。我隨時都會聽到經手過的患者過世的消息，時常是自殺、服藥過量，或者只是身體健康情況不好。我跟大部分的當事人相處的時間都不夠，不足以建立緊密的關係。我往往會在工作告一段落後跟他們說：「在最好的情況下，我希望我們不要再碰面了。」而常常我們也並未再碰面。監獄和醫院的人員與受刑人及病患更密切共事，他們之間才有更具意義的連結。但每當病患或當事人過世時，總是會讓我有所反思。

我握著蓋瑞的媽媽給我的照片，那是他小時候的照片，最後一次我去見她時，她堅持要我帶著。我想要親自把照片還給她，而不是寄回給她。再沒有比失去孩子更難熬的命運，而這位女士對我懷有相當程度的信賴，我應該將照片親自送還給她。

有次我經過那裡，決定去看看她。感覺她如釋重負。她很健談，熱切地告訴我在我們最後一次見面後發生了什麼事。她還提到蓋瑞似乎沒跟她說過需要開刀。她說他應該是嚇壞了，才把醫院寄來的信全都丟掉。他在公車事件發生前，已經有三年沒去看醫生，他的情況很不好。而那天發生的事，就是「大腦秀逗了」，那是她的說法。兒子實在很可憐，才會做出那樣的事。

她對這些事件建構出自己的版本，讓她可以好過一些。雖然我想指正，但現階段顯然不適合。我能理解她用這樣的方式接納兒子所做的事。雖然大腦受損可以解釋他為何無法思考自己行為的後果，也就是硬體問題造成執行的程式出差錯，但我相信除了做錯事、犯了罪，他原本還可以有很多其他選擇。

認為人的行為完全由大腦生化作用決定的化約論，在某些科學圈裡有一定的支持者。有些人主張根本沒有所謂的自由意志，這是很能打動人的說法。行為無法操之在己的性質，在蓋瑞這樣的案例中更為顯著。對蓋瑞的母親來說，「他的大腦造成他這麼做」這樣的解釋，是她痛苦的解藥，也能減緩她的羞愧。然而，是人類經驗與環境交錯的複雜性，影響了我們的思想與行動——忘記這一點，確實可以消除蓋瑞身上的汙名，讓做媽的人不會那麼難受。我很希望能化解她的痛苦，但實務上這樣的解釋很少被接受。

我吃完餅乾後，她問我想不想看看蓋瑞的骨灰。老實說，我實在不是很想看，但我還沒機會回答，她就伸手從沙發旁拿出一個塑膠袋，裡面是裝著蓋瑞骨灰的黃銅罈。我不曉得該說什麼，我拍了拍罈子，就像蓋瑞曾經拍我那樣。然後我注意到那個袋子，亮橘色的袋子，有大象圖案，看來非常熟悉。蓋瑞最後的安歇處，就是他的超市袋子。「那會是他想要的，」她這麼說。她說得完全沒錯。

第八章

一個男人的世界

男人害怕女人會嘲笑他們。女人害怕男人會殺了她們。

——瑪格莉特．艾特伍 Margaret Atwood

我有明確的證據可以證明戴恩斯是個騙子。我知道她會說謊。最糟糕的是，她是個不夠格的專家證人。

戴恩斯的底細……你有沒有被專家騙過？你的生活，或者你的家人朋友，有沒有被所謂的專家給毀掉過？戴恩斯不是業界最頂尖的，但她一頭紅髮又迷人，胸部也大，而且打扮起來屁股特別翹。

未完……敬請期待。

我放下馬克杯，再次看著螢幕上這些字，感覺渾身不舒服。一個我不認識的人，寫了關於我的不實內容，貼在以我為名的網站上。這到底是怎麼回事？

一週前我收到一則來自陌生人的臉書訊息。當時是二〇一一年，臉書對我來說還挺新奇的。我加了很多朋友，也有不少我不認識的人發訊息給我，通常我沒有太留意。那是九月的週末早上，我剛睡醒，雖然已經喝了兩杯茶，腦袋還是昏沉沉的。

那個訊息寫著：「我不曉得妳會怎麼看，但我為妳架設了一個網站。」就這樣。我通常很欣賞勇敢的電梯推銷員，但可不是這種做法。突然間我完全清醒了。我確實沒有自己的網站，但我不覺得自己需要一個網站。

我的個人執業在十年間穩定成長。蓋瑞的案件之後四年，我有更多的監獄探訪經驗。我的顧問工作與訓練課程搭配得宜，我有私人客戶，也在法院擔任專家證人。我為自己建立起良好的聲譽，讓人相信我是直率又誠實的心理師。因此我獲邀在犯罪紀錄片與影集中擔任講評；這項工作是意外的契機，二〇〇五年時有個新聞節目請我針對布萊恩・布萊克威爾（Brian Blackwell）的案件做評論，這位青少年殺害了父母。後來我成為天空廣播公司（Sky）《殺父弒母》（*Killing Mum and Dad*）紀錄片的專家，並陸續參加了其他許多電視節目。

但這些都是簡短的評論，我是個司法心理師，並非電視名流。除了個人臉書帳戶，我並未在其他社群媒體曝光。我認為工作機會來自口碑行銷，所以我不需要用網站來推銷自己。就算我想要有網站，也應該是由我自己決定網站上要放什麼內容。

我馬上回信，禮貌感謝他這種不請自來的好意。我甚至說我受寵若驚，但其實我覺得毛骨悚然。安撫和客氣的說法是我的職業病，我表示我不希望別人替我架設網站，但是為了展現誠意，我願意補償他網域名稱的費用，我搜尋了一下，大約要花二十英鎊。

他幾乎是立刻回應，語氣從有禮轉為明顯的惡意：「我大可以將這當作粉絲網站或致敬的網站繼續經營，但我不確定自己想不想接受精神分析。我想這並沒有任何違法之處，但為了避免尷尬或任何法律問題，我願意用三千英鎊將這個網站賣給妳。」

我才不買他的帳，簡直像是咄咄逼人的業務員。我再次要求他移除網站，我也決定不想跟他再有任何瓜葛。隔週我上網確認網站是否撤下時，發現它繼續存在，而且看到令我難以置信的仇恨文字。

這個人很氣我，原因只有他自己知道

網路霸凌已經成為每個人都會碰到的煩心事，尤其是公眾人物。國際特赦組織二〇一七年的一項研究證實了這一點。（原注1）仇視女性的言論相當普遍，每五名女性當中就有一個曾遭受某種形式的網路騷擾，大部分是性騷擾或身體的威脅。實際上「網路」並非重點所在，因為影響是在下線之後，有半數的受訪者表示，「虛擬」的霸凌讓她們變得更焦慮、更恐慌、更有壓力，還有其他心理後果，像是喪失自尊以及無力感。國際特赦組織的「網路小白巡查」（troll patrol）估計，二〇一七年當期，光是推特就有一百萬條以上的辱罵訊息發給女人，也就是每三十秒就一則。如果你是非裔或少數族群的女性，及／或同性戀、雙性戀、跨性別者，情況就更糟糕了。

這還是較早期的統計，當時人們對於女性面臨的網路危險，意識尚且不足。你沒見過或不認識的人，可能舒舒服服躺在他家客廳裡就能恐嚇你。我心驚膽跳地看著網站上每天更新的「內容」。

有些帶有性意象的評論特別針對我的穿著，像是下班後穿著牛仔褲。一般而言，我不太在乎像他這種男性本位者的批評，但那確實讓我想說，乾脆以後上電視評論都不要穿牛仔褲了。不過他必然看過我平常的模樣。我被跟蹤了。

立法往往落後於犯罪潮流好幾步。偷拍，也就是祕密拍攝女性身體部位的相片或影片，直到二〇一九年才在英格蘭與威爾斯成為違法行為，那是吉娜・馬丁（Gina Martin）遊說了十八個月才獲得的成果；吉娜本人曾在音樂季被偷拍。回到二〇一一年，當時制訂了《騷擾防制法》（Protection from Harassment Act），但並未明確提到跟蹤騷擾，或將之視為犯罪行為。跟蹤騷擾，以及涉及暴力威脅的跟蹤騷擾，要到二〇一二年十一月才正式成為犯罪行為。這樣的立法主要來自於研究發現，五分之一的成年女性與十分之一的成年男性曾遭遇跟蹤騷擾，（原注2）而國會調查也主張法律保護不夠、專業人士訓練不足，而且沒有適當的代理人為被害者主張權利。跟蹤騷擾與其他騷擾的區別在於持續、堅定，以及不必要的強迫關注，而這些是原本法律沒有處理到的。

被跟蹤騷擾者的親友可能時常會發現自己同樣被盯上。就在我處理這個奇怪的網站時，比我更早使用推特的妹妹也收到匿名訊息，其中一則訊息說：「妳姊是個卑鄙又噁心的賤女人。」另一則說：「你姊有病，難怪她會離婚。誰會跟一個神經病心理師約會？真討人厭。」

我沒結過婚，但曾訂過婚，那是在二〇〇九年，對象是一名刑事律師，他會把律師戴的假髮裝在蝙蝠俠的便當盒裡。我們原本排好登記時間了，後來發生了一些摩擦，於是取消婚禮分道揚鑣。這段短命的姻緣若搜尋公開資料可以查到。這個人發現我目前單身，但沒搞清楚前因後果就推論我必定是離了婚。他還知道我一個人住，養了貓咪。

之後他繼續在網站上寫一些有關我工作的不實訊息。他說我不是一個誠實的司法心理師，甚至說我是個罪犯。我後來發現，那是因為他找到我曾經因為延遲申報退稅而繳了一百英鎊的罰款。他如果翻過我的垃圾桶（不無可能），就會發現我沒有確實做好垃圾分類。我就是這麼討人厭。

他常跟讀者說「敬請期待」，並承諾將出版《你所不知道的惡魔》，踢爆我的真面目。

這種胡亂詆毀我名譽的行為，比對我身材的批評更有殺傷力。被一個未曾謀面的人挑戰我努力建立的專業與誠信，就像吞下無形的毒藥。更糟的是，如果有人瀏覽網站後想要聯繫「我」，還真的會收到「感謝您聯繫凱莉・戴恩斯」的回信。可以想像，可能的當事人、律師、警官、電視公司，甚至法官或任何人都有可能透過這個網站傳訊給他們相信是「我」的人，而我根本毫無所悉。我不僅被跟蹤騷擾，我的職業也持續受到威脅。

無疑的，這個人很氣我，原因只有他自己知道。表面上是因為我拒絕了他的提案，但如果只是為了一筆生意，大可不必寫下一連串的惡意誹謗。如果說不出目的，這種行為的唯一解釋就是發洩怒氣。

很難形容那種不安感，你不知道自己何以惹得某個人如此憤怒。那種惡意就像直接朝你臉上打一拳，讓人招架不住。因為不知道對方到底想幹什麼，而且他可能是任何人，可能是在街上走在我後面的人，或者在郵局跟我一起排隊的人。我變得每次出門時都戰戰兢兢，就算在家裡也覺得不安全，因為他已經表明他知道我的地址，並說「要找到人絕非難事」。

我找警察處理。他們透過他用來支付網站註冊費的資料追蹤他，而且到他住處訪查過，結果他家離我家很近，這讓我更不安。但我其實不知道警方已經登門拜訪，是他自己在網站上說了我才曉得。

最新消息：警察到了我家。

……談到有關某位女士舉報的騷擾案件！他們是奉戴恩斯女士之命而來。只有一位警察過來，顯然他們不認為我是高危險人物……他問我是否跟蹤騷擾戴恩斯女士，我大笑說：「絕對沒有……她說我跟蹤騷擾她嗎？」

他問我會不會關掉網站，我說絕對不會。我歡迎戴恩斯女士來告我。我跟警察說，應該告戴恩斯女士浪費警察時間，她還以為所有警察都是精神病。我向警察保證，戴恩斯女士不用擔心我會幹什麼壞事。他說：「你說得對，這整個案子只是民事糾紛。」

是那位跟蹤者向我完整報告他與警察的會談情況，而不是警方。

事後當我聯繫警方時，他們表示就他們所知並無違法情事。如他所言，那是民事糾紛。我很訝異，因為對被跟蹤騷擾的人說「民事糾紛」，就像對被打的配偶說那只是「家務事」一樣。

我指出對方顯然知道我穿過什麼衣服，也在網路上搜尋過我的地址，而且知道我單身、自己一個人住。他讓我覺得受到威脅。他們解釋說，我必須舉證：我能否提供他的網頁瀏覽紀錄，最好拍下他看著我的照片？似乎為了抓跟蹤騷擾者，我自己也要變成跟蹤騷擾者才行。先不說我根本未曾見過他，不知道他究竟長什麼樣子，就算知道了，我又要如何拍到他的照片？

對於警方的回應，我難以置信且失望；法律與規範不當，讓他們無法想遠一點、看透一點。

那種處境實在很可怕，而我作為司法心理師的觀點則無疑讓我更加害怕。跟蹤騷擾被戲稱為「慢動作的攻擊」，因為這樣的行為如果未加節制，日積月累可能會升級，最後往往會變成暴力攻擊。我非常清楚被謀殺的女性當中，有很高的比例是先被跟蹤騷擾；根據格羅斯特郡大學（University of Gloucestershire）最新的研究顯示，比例高達百分之九十四。（原注3）此外，監控活動，包括偷窺，則有百分之六十三。簡言之，並非所有跟蹤騷擾者都是殺人犯，但大部分殺害女性的人一開始都是跟蹤者。

如果跟蹤者和被害人之間先前有過密切的關係，則風險更高。不過在我的例子裡，應該不是熟人所為。我試圖用理性與事實的證據，確認自己不太可能受到實質的攻擊。被陌生人跟蹤的情況下，大致有十分之一的機會可能升高成暴力行為；（原注4）相較之下，若雙方原本為親密關係，機率則為百分之五十。而我是這個領域的專業人士，就算面對高風險的男性，也會保持冷靜。

但我還是想知道哪裡可能出差錯，我也明白事態可能變嚴重。每天凌晨三點，我都會在焦慮中嚇醒，自言自語說：妳真的安全嗎？妳確定妳真的安全嗎？然後，最讓人害怕的問題就會冒出來：萬一？

我一再想起多年前曾經治療過的一位病患。那是一個年輕人，飽受幻想所苦，以為中國三合會的幫派份子要殺他。我們做了很長時間的測試，確認他所想的事會不會發生，讓他知道被黑幫殺害的可能性實在很低。在他離開醫院幾週後，我聽說他因為欠債而被毒販給槍殺了。這讓我想起約瑟夫·海勒（Joseph Heller）在《第二十二條軍規》（*Catch 22*）小說裡寫到：「不能因為你是妄想症，就認為沒有人在追殺你。」（原注5）

我開始想辦法將自家變成碉堡，裝了新的警報系統、多加幾道鎖提高安全。我甚至搬去跟朋友住了一陣子，直到養了一隻大狗才搬回家，不過我的貓很討厭那隻狗，畢竟牠已經在家稱王了十一年。第一隻狗進來後幾個月，我又養了第二隻狗。我不曉得如果有人侵入時，我的鬆獅犬們會怎麼做，但起碼牠們的體型與忠心耿耿讓我安心。

這件事顯然打亂了我辛苦維持多年的工作與生活的界線。這麼多年來，我第一次如此害怕。怕一個男人，怕一個我沒見過的男人；我們未曾實際接觸過，情感上也沒有任何交集。

跟蹤騷擾風險評估

以上這些事就發生在我第一次遇到連恩的幾週前。連恩有攻擊女性的紀錄，跟他相處的幾週時間，我發現他很討厭女人，因為我是女人，所以他跟我說話就變得尖酸刻薄。

連恩第一次坐牢時只有十八歲。當時他女友十七歲，個頭嬌小，一頭金髮，有一天兩人在父母家的沙發上亂搞，她嘲笑他很笨拙，於是他揍了她的臉，強脫她的衣服，讓她赤身裸體，還把她的手綁在椅子上，然後用皮帶有扣環的一端不斷鞭打她。後來他把驚嚇過度的女友一個人丟在屋裡，腳綁在椅子上，任誰進門第一眼就會看到沒穿衣服的她。

他出獄之後，有三年時間都沒有再犯，後來又被逮捕了，這次是攻擊另一個體型更嬌小的金髮少女。那女孩在酒吧負責收杯子，他尾隨她回家，從她後面冒出來「突襲」她：揍她的後腦、踢她的腳，然後將她壓制在地上。他跪在她身邊自慰，那時她已陷入半昏迷，然後他就跑走了。

算他倒楣的是，她比他以為的還清醒，能夠認出他最近常光顧酒吧。事實上，她外出買東西時已經注意到他幾次，只是不以為意。當他被逮捕時，警方找到有關她工作時間、穿著打扮的詳細記載，筆記上還記錄了另外兩個女孩（同年齡，同樣身材嬌小）的行動，還有他畫的圖畫，內容都是女孩被綁起來、赤身裸體、被踢或被揍。畫裡的人表情痛苦、汗水四濺，無形的拳頭落在她們身上。連恩的犯罪行為不管怎麼看就是一幅醜陋的漫畫。

「跟蹤騷擾風險概要評估」（The Stalking Risk Profile）是這個領域的權威心理學家與精神病學家在二十年間發展出來的，（原注6）歸納出跟蹤騷擾者的五種動機類型。連恩的行為很明確屬於最罕見的那一類：**掠奪型**的跟蹤者。這樣的人會跟蹤並蒐集被害者（通常是陌生女性）的資訊，精心規畫暴力或性攻擊。對這類跟蹤騷擾者來說，隱密監視未起疑心的被害者所產生的興奮感，和最後的攻擊一樣讓他們感到滿足。

比掠奪型或其他類型更常見的是**被拒絕型**的跟蹤者，他們或者想跟之前的伴侶復合，或者因為關係結束或未被接受而想要報復對方。其他包括**無能型**的跟蹤者，他們會鎖定陌生人或認識的人，因為慾望加上寂寞，嘗試誘使被害人與他們約會或發展性關係，卻用錯方法。**尋求親密型**的跟蹤者受到虛幻的信念驅使，誤以為自己與被害人有親密關係。**不滿型**的跟蹤者認為自己被目標對象惡意對待或羞辱，而想要討回公道。雖然這些分類提供有用的徵兆作為指引，但跟蹤騷擾者的動機常常是複雜而多變的，未必永遠局限在某一個類型。

精神變態評量

我和連恩見面是為了所謂的司法退場服務（Step-down service）。退場服務聽起來像是為了某個剛從大企業領導位置退休的人，但事實上是為更生人提供更多服務，協助他們從監獄或戒護醫院進入真實世界。那是一個中途之家，通常收容的是更需要支援、有多重複雜問題、藥物依賴，或是被認為有高再犯風險的人。

我始終認為能夠接受退場專案服務的人都是不可置信的幸運，雖然他們自己可能不這麼認為。這種專案不會讓人在走出監獄大門後茫然不知所措，它是一個支援性且有效的環境，往往以教會為根基，他們有崇高的理念，而且強調為社會貢獻價值。那裡會有教育與就業的指導，還有治療與諮商，主要是讓人可以適應真實的世界。但也有一些限制，包括夜間要待在上鎖的房間、宵禁，以及遵守其他嚴格措施。

接受退場服務的更生人主要是由多機構公眾保護處遇（multi-agency public protection arrangement）團隊來管理。結合警方、假釋機構與退場專案管理人的意見，他們會持續評估更生人可能造成的風險，盡全力按照評估結果調整監控層級與對他們的限制，以確保每個人的安全。要成為多機構公眾保護處遇的成員並不容易，在團隊中，每個機構的管控權力都有限，每一次的決策都充滿衝突與矛盾。

連恩請求放寬一些限制，所以他被轉介給我。他已經過了七個月的專案生活，沒有任何爭議，平和且順利地與其他五位男性共同生活在一個地方。

多機構公眾保護處遇團隊已經對連恩進行過標準且仔細的風險評估，但是在給他更大的自由之前，他們認為還需要再做最後一項評估：精神變態評量表（Psychopathy Checklist），[原注7]也稱為 PCL-R；或者就像強・朗森（Jon Ronson）在他的暢銷書中所稱的「精神病測驗」。[原注8]朗森的標題不太對，因為嚴格來說，PCL-R 根本不是測驗。

那是一種人格分析過程，由加拿大的研究者羅伯特・哈爾（Robert Hare）博士在一九九一年研發的。它可以辨識人們表現出二十種精神疾病特質的程度，並提出一種精神疾病的浮動計算法。藉由大量的訪談並爬梳檔案資訊，執行測驗的人（必須是受過訓練且合格的專家）針對每一項特徵依照全有、部分或全無做出零至二分的評分。最高分是四十分，雖然三十分以上就可以得到疑似精神病患的標章，在這個講究禮節的社會中，可能就再也沒有人會邀請你到他們家裡吃飯。

PCL-R按照兩個較廣泛的主題，對精神疾病的定義特性進行分類：人格特質與生活型態要素。前者包括自大、控制慾、衝動魯莽與對別人漠不關心；這些特質顯然讓人不快，卻是許多人都有的，尤其是那些積極想出頭和發達的人，例如社會名流、政治人物，而且根據二〇一六年的一項研究，有五分之一的企業高階主管也有這些特質。（原注9）哈爾有句話廣為流傳，意思是如果他不是研究監獄裡的精神病患，就會去研究證券業務員或電話推銷員。PCL-R的生活型態要素則追蹤個人違反規範的紀錄、破壞規則或承諾的傾向或忽冷忽熱的表現。犯罪行為也被記分，包括青少年違規、各種不同的違規類型，以及違反法律要件或假釋要件的紀錄。

雖然PCL-R在司法心理學領域被視為標準的評量方法，但它也有很多爭議。（原注10）問題在於，哈爾的原本目的只是用於人格測量，但這樣的評量後來被賦予新的目的、重新包裝並商業化推廣，以致目前被廣泛用在暴力風險評估，成為一個太過武斷的工具，對被評量者產生深遠的影響。事實上，PCL-R當中只有少數項目涉及能預測未來犯罪，從而與風險評量有關的過去犯罪紀錄。反對者主張，PCL-R並非完整的個人檢驗，在其脈絡下「精神疾病」的概念只是太過簡化的循環論證：某人做過壞事，因此符合精神疾病的要件，而如果他們有精神疾病，他們就會幹壞事。

簡單說，那看起來可能就像是一隻搖擺狗。無論如何，我必須在退場專案中進行那項評估。我不覺得那對連恩的風險評估會有多大影響，因為他已經做過許多其他的測驗了。就他的犯罪行為來說，那也只是告訴我們連恩過去發生了什麼事；而既然他的成年生活大部分都待在牢裡，也沒有機會累積PCL-R高分所需的資歷。就像許多司法心理學工作那樣，我做這項評估只是為了符合正當程序，做就對了，不用多想。我知道連恩的公眾保護處遇團隊設想周全，我也想要做得周全，所以我去見了連恩。

拒絕會激起他們的怒火

他們被安排住在一處改建過的房子，沒有會議室或私人空間，所以我坐在共用廚房裡等候連恩。那裡的廚房跟一般家庭的廚房沒兩樣，或許過於乾淨，到處都有意外驚喜，像是插座上方的貼紙寫著「別拔插頭」，牆上有消防毯，而門後貼著打掃值日生。牆上有藍色的訂製櫥櫃，旁邊也有大型窗戶望向分割成一塊塊的花園，這種設計是為了讓收容人有事可忙。

連恩走進來時，我正看著花園，當我轉身相迎時，我注意到他上下打量我，先看身材再看臉。這是大多數女性都會遇到的情況，雖然我已習以為常，還是不免注意到了，不僅因為這種態度很不禮貌，更因為它能透露眼前這個男人在這種情況下，還是本能地會先盯著女人的身體看。

他並未對我微笑，只是在落坐前很勉強地跟我握個手，然後手肘撐在桌上，十指緊扣。他看起來有些不快。我明白，誰會開心地做精神病測驗呢？

開場白之後，我先對他的身體狀況進行評估：近四十歲，中等高度與身材，穿著牛仔褲，黑色運動衫。沒有特別的異狀，頭髮後面與兩鬢削短，肩膀鬆垮，蒼白的臉色顯示不常外出。

我解釋什麼是 PCL-R，告訴他那常用於司法鑑定，並問他有沒有任何問題。他說他只想趕快開始。又說早該完成了，因為他希望放寬生活限制。有一瞬間我覺得自己像是旅行社員工，面對一個不開心的旅客，正抱怨他的房間看不到風景。他那種理所當然的態度在這裡看起來有點格格不入。

但他是對的，他受到的限制太嚴苛。他的房間到晚上會被鎖住並設定警報，未獲管理人的同意他不能離開房子。就算真的准他外出，也必須嚴守時間規定與定時報到，而且只能到市中心人多的地方。他也必須提出像是商店收據與巴士票根之類的證據，證明自己去了哪裡。當然這些是確鑿的證據，可以證明他的移動軌跡，但那也是建立相互信賴的機制，收容人應該甘於遵守。

我們開始進行程序。PCL-R 的訪談並不是迅速填完表格就能了事。那是很耗時的過程，有一本綠色簿子，裡面有好多頁的提示與討論，目的是搜集家庭背景、親密關係、財務情況、犯罪紀錄等各項資訊。最快也要好幾個小時才能完成，而且最好分幾天進行。談話的性質與搜集的資訊量都表示受訪者與提問者必須專注投入才行，我知道我得花上好幾週的時間拜訪連恩。

連恩很快就適應訪談，但他的回答很簡短。他只針對我的問題回答，不會多說任何事。評量的重點是讓對話盡量自然，不要勉強為之，但我費盡心思仍無法建立和諧的關係。他不想配合我，他盯著我看的樣子就像是說：得了吧，趕快把這事做好。在「外表魅力」這個項目，他的得分是零。（外表魅力是 **PCL-R** 裡二十個特質之一，但整體分數高不表示在這個項目也會得高分。我發現愈往北方，當事人在這項目的得分愈低。事實上，我最喜歡的研究主題就是探討為什麼蘇格蘭的罪犯在 **PCL-R** 得到的分數低於美國罪犯。[原注11] 研究發現，那是因為他們欠缺美國人那種較熱情友善的性格。美國的精神病患會跟你說「祝你有個美好的一天」，但蘇格蘭的精神病患不會這麼說。）

沒有會議室，所以我們大部分時間都坐在交誼廳的沙發上。他的位置後面有個魚缸，裡頭有各種顏色的孔雀魚，我跟他隔著咖啡桌對坐，桌面沾滿茶漬。感覺像是置身實境節目中可能出現的那種差勁旅館，環境嘈雜，其他收容人來來去去，轉開電視、餵魚、跟我們要香菸。

我還沒做出結論，但我確信他的分數不至於顯示有重度的精神疾病。我還需要進行最後的計算，但根據經驗判斷，他的分數大約落在十五到十八分。監獄裡一般的受刑人介於十九到二十二分，路上一般男女，除了瑪莉．包萍[1]，通常介於三到六分（如果我對自己狠一些，分數是四）。

在我們進行倒數第二次評量時，我覺得應該再看看他的檔案。我想起收據與車票已經歸檔，要求再看一次。這些資料應該可以讓我更瞭解這個男人自由外出時都做了些什麼。就像我說的，我希望盡量做得周全。但我看到的東西卻讓我毛骨悚然。

一個人日常生活中平淡無奇的文件，確實可以告訴我們很多事情，尤其如果它們是按照時序排列，就會有模式出現，如此一來就可以明顯看出偏好。檔案中有厚厚一疊收據用黃色橡皮筋捆著，我開始數算，腦中意外浮現一個影像。我們知道連恩外出的大部分時間都待在鎮上，他也只能待在熱鬧的地方。收據顯示他買了週三活動需要的麵包，還買了釣魚月刊，也常在相同的文具店買紀念幣，然

1.譯按：Mary Poppins，兒童文學中的魔法保姆角色。

後就直接走到同一家咖啡館，名字是海岸咖啡（Costa Coffee）。那是一家生意很好的咖啡館，櫃檯只有兩個人服務，一個人收銀，一個人做咖啡並在前場服務客人。連恩的收據顯示，那段時間以來（大約幾個月）他都在相同的日子到訪咖啡館：週二與週五下午，以及週六不固定時段；有時一天去三到四次。他總是點相同的飲料，一杯卡布奇諾，而我也注意到服務他的都是同一人，艾瑟。

我見到連恩時並未多說什麼，我們很快完成 PCL-R 訪談。之後我用員工電腦打好我的筆記，並上網確認咖啡館的位置。我心想，連恩之所以一直去這家咖啡館，可能不只是因為喜歡它的卡布奇諾。正當我瀏覽網頁時，有個知名男性除臭劑的廣告跳出來，螢幕上一個女人以誘人的姿態屈身在烤箱上，旁邊打上廣告詞：「她會讓你按捺不住嗎？」

我看著螢幕，時值午餐時間，我決定進城去看看。這沒什麼，反正我終究要吃飯，但這似乎是暫時扮演連恩這個角色的好機會。

穿過購物街的步道，很快就到了海岸咖啡館，有個漂亮的金髮少女恰好走過去。她戴著耳機，穿著校服，雖然她盡力將它弄得不像是校服。我還記得我當學生的日子，當時我完全沒有想要快快長大。她經過我身邊時，我朝她微笑。

她並未回以微笑，只是漠然且有些鄙視地看著我，但那些聽著音樂、對你不感興趣的青少年不都是這副模樣。但我不禁思考，連恩對這種表情會如何解讀？那個跟蹤騷擾我的人會如何看待？他們在這樣的短暫交會後會怎麼想？微笑被漠視，這樣輕微的拒絕會激起他們的怒火嗎？

有時候一個人會有多危險可能取決於許多要素，尤其是身處的環境。如果連恩覺得那個女孩看不起他，他會感到非常憤怒，如此一來，那個女孩就危險了，既被垂涎又被憤恨。他想要被渴望和被服從，如果他覺得被拒絕，甚或被嘲笑，怒氣上升會讓他幹出蠢事。

我懷疑他是否會回想起之前的攻擊事件，再度重溫他看到的那些痛苦——他的被害人無力反抗，一臉驚恐又受盡屈辱。他想讓她們感受到他的力量和他的憤怒，並付出代價。我想起在 **PCL-R** 訪談中，我曾問過他在攻擊女友時，心裡有何感覺。他說不知道自己當時在想什麼，只覺得很生氣，而且必須阻止她，不能讓她嘲笑他、看扁他、羞辱他。他陷入「發狂」的情緒，但他說自己後來平靜下來了。想要討回公道的欲望已經獲得滿足。

在大白天擁擠的街道上，要發洩那樣的怒氣一定會引人側目，沒有隱蔽之處，他的選項有限，但心底的怒氣肯定還是不斷沸騰。

我打開咖啡館的大門，咖啡與丹麥麵包溫暖的香氣迎面拂來。我挑了份三明治，又拿了一瓶水，排隊準備付帳。櫃檯女孩問我要不要加點別的，但我專心看著她的名牌：艾瑟，一個小個子的金髮馬尾女孩，看來大約十七歲。

一種根深柢固的流行病

下週再次進行訪談時，我向專案經理薛拉以及連恩本人說明他的 PCL-R 評量結果。一如預期，他的得分相當接近平均值，並沒有讓人意外的精神疾病，但也不值得慶祝。至少是個好的起點，今天暫時沒有精神病標籤！

可是當我提到我發現一些情況有點擔心，而且跟他的再犯可能性有關時，氣氛頓時變得凝重。我拿出他去咖啡館的一大疊收據，大概有超過一百張，並且以一種不帶指控但堅定的語氣說：「我注意到你在某個女孩輪班時固定光顧這家咖啡館，我希望聽聽你對這件事情的說法，連恩。」

他眉頭一垂，嘴巴抿成一線，然後突然指著我咆哮：「妳這個賤女人！」

薛拉跟我互看一眼，然後又看向連恩。我們什麼都沒說。

「他媽的，什麼時候連買個咖啡也變成犯罪？妳瘋了嗎！」接著他比較像是自言自語而不是針對我說：「賤人！」

我稍微壓低音量。「連恩，買咖啡不是犯罪，但如果我不問這件事的話，就沒有盡到職責。我擔心那個女孩的安全，而我也想要幫你。我想談談這件事，瞭解你怎麼了，這樣才有幫助。你覺得呢？」

連恩站起來，用手掃過桌面那一大堆資料。我本能地伸出手想要抓住那些收據。他雙手撐在桌上，雙眼惡狠狠地瞪著我。「我覺得妳是個愛管閒事的老女人，」他一臉輕蔑地說。「我碰都不想碰妳。」他踢了桌腳，氣呼呼地走出去。

我跟薛拉屏息沉默片刻，然後兩人互看一眼。

「就這樣，」我說。「很好。」

薛拉朝我的報告點點頭。「還好有妳。」
之後我從她那裡得知，處遇團隊看了我的報告與建議，決定短期內不會放寬對連恩的限制。

打官司：
我會公開與戴恩斯女士委任律師的所有通信……對戴恩斯女士來說，很不幸的，這會進一步損害她的名譽。
我準備提供戴恩斯女士庭外和解的方案。為了節省時間與勞力，對於我個人受到的痛苦與損害，我願意接受她支付五千英鎊作為和解。符合此一條件後，我會移除網站。

處理好連恩的事，幾個月之後我走進曼徹斯特民事司法中心，那是現代化、採光充足的法院，使得那天的經歷更顯詭異。我比較習慣維多利亞式的法院，木牆面與華麗的雕刻似乎讓司法程序更加莊嚴肅穆，在這種寬闊明亮的空間裡，我特別想念那種氣氛。

我坐下來，旁邊是我的法律團隊，而我第一次看到隱藏在網站後面的那個人。當他走進法院，我才恍然大悟，他就是幾分鐘前坐在樓下咖啡館、離我幾英呎遠、看起來沒什麼危險性的人。我並未如他所願與他有任何眼神交會，我知道他一定期盼很久了，今天要跟我一起隆重登場。他坐在我前面，我注意到他的淺藍色西裝背後的接縫處有條線鬆脫了。

我們控告他毀謗與公然侮辱，請求法院命他撤下網站。此外，我的當事人也極有可能誤傳機密且會造成嚴重後果的資料給他，而我有義務不能讓這樣的事情發生。我別無選擇只能上法院，從而有了這起民事案件。

判決命令他關閉網站，並銷毀所有關於我的資料。接著是有關訴訟費用的問題。民事訴訟並不便宜，那表示用這種途徑保護自己不受跟蹤者騷擾，並不是人人都負擔得起。

法官要他站起來：「你有沒有六萬英鎊可以支付戴恩斯小姐的費用？」

他開始有些慌亂，「嗯，我可能不太願意，」這似乎暗示他雖然有錢，但不想拿出來。

然而，我知道自己不會追討賠償費用。他沒有請律師，除了花時間，沒有別的成本。他在整起事件中一再跟我索討網站的錢，看來他並非真的有錢。鐵公雞沒毛可拔。而且說實話，我沒有興趣追著這個不幸的男人要錢，那樣做只會跟他糾纏不清。

法官繼續說：「戴恩斯小姐不想跟你有任何業務關係，明白嗎？她不想跟你有任何其他關係。她並未跟你有任何自願的接觸，你明白嗎？」

他竟然說：「沒關係，因為我已經受夠她了，我跟她已經完了。她讓我很失望。」講得好像我們本來會有美好的將來，但戀情突然走味。

坐在我右邊的律師拿起他的藍色原子筆，小心翼翼打開活頁夾，草草寫了些字，然後特意擺放讓我看得到，之後再收起來。他寫下：瘋子。

我淺笑，然後再次盯著被告衣服上脫出的線頭。他並不是「瘋子」（不論那是什麼意思），就像連恩也不是「精神病」。我會將紙上的那個字打叉，用「厭女症」三個字取代。

厭女症是一種根深柢固對女人與女孩的偏見與蔑視，那是少數尚未被宣告是心理疾病的人類境況。或許因為如果將它視為疾病，那會變成一種流行病。那天在法庭裡，就我所見，顯然站在那裡的只是另一個厭女症的步兵：一個男人對於被女人拒絕極度痛恨，因而想懲罰她。

那天走出法院之後，我感覺很糟糕，但至少鬆了一口氣。我至少正面解決掉一個難題。結束了。我回家，將警報器取消，打開門，拉上窗簾，躺在沙發上。那天的壓力再度引發梅尼爾氏症的襲擊，我知道那會是很慘的情況。眼前開始天旋地轉。但狗兒在我腳邊大聲打呼，我想至少情況不會再度失控了。

或許只是我自己這麼想。我沒想到六年之後，我還要再度處理這樣的情況。在這種工作裡，你必須習慣未完的故事。

第九章

斷指案

如果我不能維持自我，我就不能盡己所能實現所願。

——珍特・溫特森 Jeanette Winterson，《正常就好，何必快樂？》（*Why Be Happy When You Could Be Normal*）

二〇一三年五月，英國政府的財政緊縮嚴重；二〇〇八年全球金融危機後實施的撙節措施，亦廣泛適用於公共服務部門。

司法部的整體預算減少將近四成，算是刪減幅度最大的部門之一。由於相關單位大砍法律扶助支出，我上法院擔任專家證人的差事幾乎沒了。經費吃緊時，專家顯得並非必要。愈來愈多刑事庭與家事庭的當事人得不到法律建議也沒有代理律師；相形之下，沒有心理師似乎無關緊要了。我與慈善機構、社福組織和地方政府簽訂的契約都被停掉，或者另行招標而由較便宜的供應商（自願服務的諮詢師、實習生，甚或更糟的還有所謂的生命教練）得標。我僅剩偶爾協助警方訓練，為偵查或調查效力的機會也愈來愈少。

但有個領域例外。部分歸功於杉樹行動（Operation Yewtree），亦即對已過世的電視名人吉米．薩維爾（Jimmy Savile）與其他人所犯下的性侵兒童案件所進行的調查，掀起一波公眾意識，逮捕與起訴的速度遠不及揭發的速度。實務上，以兒童為對象的網路性犯罪案件激增，需要做出的審前報告[1]也愈來愈多。每週都有辯護律師引介個案給我，被告被查到下載虐童的網路影像（根本沒有所謂的

1. 編按：pre-sentence report，有關被告生長背景和犯罪情境的相關資訊。

「兒童色情文學」，就只是性侵兒童的照片、影片，甚至還有直播）。部分案件涉及引誘兒童透過聊天室與網路攝影機進行色情對話或活動，或者企圖與兒童直接接觸。大部分被告都是上了年紀的男性，也有二十歲左右的年輕人，他們往往是根據自己小時候在網路上被騙的經驗而學會「引誘」（操縱被害者的心理，卸下對方的抗拒）的技巧。無論被告是老是少，他們表面上都沒有任何異常之處，有工作、有伴侶，而且少有前科。

他們的檔案裡通常包含案情摘要，描述從他們的手機與電腦裡找到的證據。影像依據所涉侵害之嚴重程度分類，從兒童性姿勢到極端殘忍的畫面都有。

二〇一三年時，一般採取所謂的五級分評量表，也就是「量刑諮商小組量表」（SAP scale），後來由量刑委員會提出一種簡化的三級系統加以取代。我始終同情那些負責看影像、進行分類、編目並輸入摘要資訊的專家，儘管文字描述聽來拗口又漠然，卻無法掩飾其恐怖程度。不只這些影像令人難受，其散布的數量也令人無法忍受。而有件事是案件摘要永遠不會說的：這些受害的孩子有沒有被找到，他們現在是否安全，還是有可能繼續受害。

凝視人心的黑暗深淵

英國犯罪防制局（The National Crime Agency）估計，在英國，有多達八萬人在網路上「對兒童構成某種性威脅」。（原注1）我覺得他們都是我的責任（如果他們不歸任何人的責任，那才令人不安）。工作內容與當事人多變且無法預期，正是司法心理學這份工作最吸引我之處。我不想排除任何犯罪案例，但於此同時我的腦袋裡充滿不想看到的畫面，我覺得自己快要應付不來。

自從被跟蹤騷擾後，我刻意躲避公眾注目，畢竟保持低調更安全。而看來事情也慢慢就這樣過去了。就在這時候，英國廣播公司威爾斯分公司邀請我參與一部紀錄片製作，我心想威爾斯語並非大眾所熟悉，所以便答應了邀約。

紀錄片的主題是馬克・布里哲（Mark Bridger）的審判。威爾斯從二〇一二年秋天就陷入哀戚，五歲的當地女孩瓊斯患有腦性麻痺，被布里哲綁架並謀殺。她的失蹤引發英國警政史上最大規模的搜索行動。而嫌犯布里哲不只殺人，還毀屍以確保沒人找得到屍體。他用家裡的壁爐燒毀部分屍體，鑑識團隊在壁爐裡找到小塊的骨頭與血跡，經比對符合瓊斯的DNA。據信他將屍體其他部分丟在鄉間和他家附近那條湍急的溪流。最後瓊斯的父母只能埋藏女兒十七塊遺骸。

布里哲否認謀殺瓊斯，但承認自己對於她的死亡「可能應該負責」。這個小女孩到底發生了什麼事、屍體遍尋不著、布里哲的說詞前後反覆，在在引發媒體對這個案件以及審判揭露的證據充滿高度興趣。

他們請我觀察布里哲作證的情況，並給製作人一些建議。我在莫德皇家法院（Mold Crown Court）狹小的旁聽席坐了一週，以公正的態度觀看事態發展。但這是我第一次從這樣的角度觀察案例，與所有當事人身處同一個空間，相隔卻彷彿光年之遙。我並非要提出意見的專家證人，也不是等待正義如何被伸張的被害者家屬。我只能像其他民眾那樣看著並聽著資訊，對於布里哲荒唐的矯飾感到震驚，也對瓊斯父母的冷靜自持感到自嘆不如。

證據影片中有幾秒鐘的畫面引起我的注意，監視器拍下當天他從遊樂中心帶走她的時候，她看起來是一個開心的小女孩，身形特別瘦弱，一個人努力推開重重的門。而此刻這個男人就坐在法庭裡，身高一百八十七公分，穿著藍色襯衫，前臂還有刺青。那天後來，她變成他家火爐中的殘骸。看著影片，我怒火中燒。

我們在法庭上聽到，在帶走瓊斯的幾天前，布里哲上網搜尋索厄姆殺人案（Soham murder）被害人荷莉．威爾斯（Holly Wells）與潔西卡．查普曼（Jessica Chapman）的照片，還有一九九六年跟著學校到法國旅行卻慘遭強暴殺害的女學生卡洛琳．迪更生（Caroline Dickinson）。布里哲的電腦裡有虐童的猥褻影像，網路搜尋關鍵字包括「青春期」與「赤裸的五歲孩子」。

布里哲抗議說，他搜尋網路只是想瞭解自己孩子的性向發展。他堅稱儲存那些影像只是「為了加以舉報」。他說自己開車意外撞到瓊斯，他不太記得後來發生什麼事，因為他喝醉了而且陷入恐慌。但我們接著聽到八歲的證人指稱她看到瓊斯坐進他的車子。鑑識科學家洛德里克．史都華（Roderick Stewart）表示，無論是布里哲的車或瓊斯的腳踏車，都沒有任何證據可以支持他的意外說。

對眾人來說，顯然他在綁架瓊斯之前腦袋裡就一直充滿幻想，毫無疑問是他殺了她，犯罪動機跟性有關。甚至有證據顯示，他那天曾試圖誘拐其他三個女孩上他的車，但沒有成功。他的謊言可笑但又充滿算計，我認為他對瓊斯的父母拒不吐實根本罪無可逭。

五月三十日，布里哲被判綁架與謀殺以及妨礙司法罪成立。他被判處無期徒刑且不得假釋。我個人認為，如果你殺害了一個孩子，那麼注定得在牢裡以餘生償命。但他們並不是付錢要我做那樣的判斷，我必須放下我對某個犯行的個人感受，才能客觀地與他們合作，同時考量加害者與其犯罪行為。我見過許多殺童犯，包括羅伯·布萊克（Robert Black），他至少殺死了四個女孩；二〇一六年他死於馬哈伯理監獄（HMP Maghaberry）。我也曾經手幾位由司法退場服務機構收容的男性，他們因為綁架或殺害兒童被判刑，之後由監獄轉出。

我對這些人會覺得反感嗎？會，但我還是設法對布萊克稍表同情。真是可憐的靈魂啊，我記得自己這麼想。不過那幾天我不斷聽到布里哲提到他殺害的「小小瓊斯」，我知道自己很難保持中立的態度。我感到厭惡又噁心。

觀看布里哲作證的那週，有個同事認為我有「創傷後壓力症候群」。或許我深受某種替代性創傷（vicarious trauma）[2]所苦，而與同僚進行的標準督導會議（所有參與個案的心理師都必須參加，以卸載並反思工作情況）也沒有幫助。

2.編按：通常發生在照護專業工作者身上，當事人並未真的經歷創傷，但因親眼目睹、看報導、聽別人轉述等方式得知這些訊息，因同理受難者或受害者而出現創傷性反應。

我記得自己一直想著，如果創傷後壓力症候群表示「持續感到疲累與厭惡」，那麼我這陣子確實如此。我有部分工作內容處理的都是那些觀看虐童影像的人，雖然他們不全都是像布里哲那樣的人，但他們仍是蓬勃黑市的一角，無論是買家或賣家。

我以人們預期的專業方式向電視臺提出對布里哲的分析意見。我補充說，近五十年來我們總是聽到「遠離陌生人」這樣的說法，主要源自一九七一年政府的宣導，起因是一九六〇年代的沼澤謀殺（Moors murders）[3]與其他眾所矚目的兒童綁架案。但那是過時的概念。在殺人案的情況裡，「綁架誘拐」與「陌生人」的關聯不再那麼明顯。我們往往認為孩子是在街上被引誘或帶走的，但較近期的一些案子顯示，在加害者接觸並殺害被害者之前，他們可能已經在線上有過一定程度的交流。即使對瓊斯來說，布里哲也不完全是陌生人，因為他有個孩子跟她上同一所學校。然而，當我坐在法庭裡，我提醒自己，事實上綁架孩童的事件不常發生，最終演變成殺人案的情況更罕見。那些案件會變成鎂光燈焦點，是因為那是最糟的情況。反綁架行動機構（Action Against Abduction）依據二〇一一年

3. 編按：伊恩．布雷迪（Ian Brady）和女友米拉．亨得利（Myra Hindley）在一九六三至六五年間連續殺害五名年齡在十二至十七歲的受害人，並將屍體掩埋沼澤地。

十二月警方統計資料所做的一份報告顯示，只有百分之四十二的兒童綁架案是陌生人所為。（原注2）根據同一份報告，十六歲以下青少年被陌生人帶走的人數大約五十位，其中十五人被性侵。儘管數字不多，卻完全無損人們震驚的程度或其影響力。但報告中有件事或可讓人小小寬慰，綁架案件中四件有三件失敗。

我離開威爾斯回到家後仍然氣憤難消，這樣的怒氣常在夜深人靜時冒出來，也愈來愈常出現在大清早，讓我無法安眠。我花太多時間盯著人心的黑暗深淵，此刻深淵也回望著我。

披著浪漫外衣的悲劇

布里哲案審判之後過了幾週，我依然煩燥不安，以前我喜歡在遛狗時做正念冥想，但那時候不管做幾次都無法讓我的心平靜下來。我知道自己的客觀性受到影響，對一個司法心理師來說，那是很嚴重的事；一個走鋼索的人如果亂了腳步，就不知能否繼續走下去。雖然我可能還沒準備好大聲說出來，但我對自己的職涯以及未來走向有了懷疑。我不禁思考：我的存在是否真的有意義？我究竟想做什麼？我想要跟誰一起合作？我沒有答案，但我知道我還在苦苦掙扎。

那天我在醫院時心情不太好。那是一家綜合醫院，設有收容高度戒護精神病患的男女病房，一樓則是不同門診，包括藥物濫用與認知障礙的照護與精神治療。這幾年來我到訪這裡的次數已經多到記不得了，消毒水味以及此起彼落的聲音讓人熟悉。

我走到醫院餐廳，有點急忙地拿起托盤。還不到午餐時間，餐廳裡除了我與一名年長男士和他的訪客外，沒有別人。那位老先生穿著浴衣與拖鞋。我選了離他們最遠的桌子，坐在窗邊望向停車場。我只想一個人靜靜享用便宜的餐點，還有我的存在危機。

然後她直接坐到我對面。吃東西對我的心情根本沒有幫助，當下我的念頭是：快走開。有那麼多空桌子，還有很多椅子，她可以隨便挑個位置坐，幹嘛大剌剌就坐在離我最近的椅子上。我眼光飄向別處，不想跟對方有任何眼神接觸。

她看來不懂我的暗示，笑著跟我打招呼：「哈囉。」她看起來五十幾歲了，身形削瘦，一頭淺色短髮，穿著削肩洋裝露出肩膀和手臂，外露的內衣肩帶看起來髒髒的。

「哈囉，我是露西。」她笑著說。我只是點個頭，不想讓她誤以為我想要跟她打交道。另一個角落的人起身要離開了，我也打算跟進。但她開始跟我說話。

我很快意識到她可能有精神障礙，所以我停下來。我記得年輕時我媽總是跟我說：「如果妳不認識的人跟妳說話，可能那天是他們最好的一天，而妳是他們唯一能講話的人。」

她看起來無害，所以我深呼吸，努力保持和善。我讓自己看起來不會拒人於千里之外，繼續坐在那裡聽她說話。她起身，直接走過來坐在我旁邊，讓我看看她的珠寶。她雙手戴滿銀飾，戒指底下有點瘀青和汗漬。我注意到她的手指頭，她的左手無名指比其他手指都短，只剩下根部，缺了上面那一節。

「妳的手指怎麼了？」我問。我不是愛探人隱私的人，但有時候我必須問，尤其是工作上需要。那天我覺得特別放得開，或許因為已經無心再保持社交禮儀，而對方又是如此友善。

「我切掉了。」她說。

我立刻切換到心理師的模式，推測那是自殘行為，可能是難以消化的情緒讓她一時失了理智。「什麼事讓妳想要那麼做？」我問。

她說沒什麼大不了的，還不就是因為她前男友。他去坐牢，寫信跟她說想要「把她身上的某個部分永遠帶在身邊」。她照著他建議的做了，為他切掉自己的手指頭，好讓他能帶在身邊。她說，他真的很浪漫。

我想起我剛出社會不久，曾在一所監獄擔任臨時性的職務，那時獄方在牢房裡找到一節斷指。這位女士是多年前那節指頭的主人嗎？

那是監獄管理員萊特與阿塔在一個叫做菲林漢的受刑人的房間裡找到的。斷指已經呈咖啡色、乾乾癟癟的，就像寵物食品那樣。切除點就在第一個指關節下方，長度大約三公分，看似從無名指或食指上切下來的。指甲還留在上面，搽著粉紅色的指甲油，那是八〇年代我還是青少女時會使用的顏色，帶點珍珠色，也有點稚氣。

那天早上我經過菲林漢的囚房，瞄到那兩個獄警蹲在小桌子旁，抽屜打開著。襪子、牙刷、梳子都整齊攤在灰色毛毯上，固定的搜查程序。獄警做事總是從房門開始順時鐘檢查每一樣家具和每一個夾層。在獄警搜索時，菲林漢應該已經被搜身完畢，移到另一個囚房。

四十多歲的阿塔儘管一臉濃密黑鬍，給人感覺還是像個青少年。萊特有點胖，比阿塔年長一些，才剛完訓幾個月，他繫著領帶，我懷疑他是否忘了基於安全考量，最好用領帶夾把領帶固定住。

我探頭看他們到底在做什麼，然後他們把東西拿給我瞧。「手指頭？」我忍不住驚呼，實在沒料到會看到這種畫面。

我們愣怔瞪著那根指頭好一會兒，莫名地伸出自己的手，看著自己的手指頭，像是在檢查什麼似的。

那根指頭是從一個未開封的電池盒裡掉出來的，但仔細檢查就會發現它其實被打開過，只是刻意重新包裝，其中一顆電池被挖空，手指頭就藏在電池裡面。

菲林漢的指頭都健在，所以那肯定不是他的指頭，不過他在獄裡本來就以收藏東西聞名。他就像是違禁品百貨行一樣，如果你想要刺青，他可以用原子筆管和收音機的電池幫你弄出紋身槍；色情刊物、私釀烈酒（用水果、糖、麵包與任何能到手的東西製造出來的）、甚至監獄心理師使用的專業手冊，他都有辦法弄到。我聽說菲林漢還為那些將參加假釋委員會審查的受刑人提供訓練課程，當然是要收費的。

阿塔鎖上那間囚房，我則去參加會議繼續每日行程。我聽說菲林漢否認知情，並引用我喜歡稱之為夏奇抗辯（Shaggy Defence）[4]的策略。就我所知，後來並未找到那根指頭的主人，無論是在監獄裡或外，死或活。而現在，缺了一截指頭的露西就坐在我身旁，就在醫院餐廳的角落。

「嗯，我瞭解。」我這麼說，她傻笑著，或許還不習慣別人如此簡單就接受了她的解釋。

「妳怎麼把手指頭送進監獄給他的？」我問，有點不捨她竟然得切掉指頭才能證明對男友的忠誠。那是披著浪漫外衣的悲劇。

她說她用保鮮膜包著手指頭，再塞進內褲裡，然後探監時趁獄警不注意，趕緊把東西交給男友。她望著遠方，若有所思地聳聳肩，彷彿回想起美好的過往。

4.譯按：雷鬼樂手奧維爾．布瑞爾（Orville Richard Burrell），藝名夏奇（Shaggy），二〇〇〇年時有首單曲名叫〈那不是我〉（It Wasn't Me）。

她如何下得了手？她有找醫師縫合傷口嗎？有人問過她不見的指頭到哪兒去了嗎？我開不了口詢問，因為我真的不想知道。人類心智喜歡故事有個結局；對我而言，此刻就是十五年前那天在菲林漢囚房開始的故事的結尾。

開會時間到了，我試著抽身離開。

「我的社工師說我很脆弱，」當我從她身邊擠出去時，她突然冒出這句話，像是要澄清什麼。我再次為她感到不捨。她似乎認為這一切都是她自己的錯。怎麼會是她的錯呢？她失去手指頭不是因為她很脆弱，而是因為某個想要利用她的人脅迫她這麼做的。

我告訴露西，我很高興認識她。我是真心的。我提醒她，世界上有很多男人，但她只剩下九根半的手指頭，所以她必須好好照顧它們。她答應我她會的。

當我將餐盤放到回收架上準備離開時，吃剩的三明治與茶翻倒了，我手忙腳亂清理，像是在清理眼前的一片雜亂。我沒辦法確認菲林漢持有的那根指頭就是露西的，但我打算這樣相信，而因為這麼想，一個謎團就解決了。不僅解決了手指頭的謎，我也順道想通了自己下一步該何去何從。

我應該暫時卸下司法心理師的工作，離開這些犯罪者以及長期失靈的制度所帶來的幻滅。我要轉向女性主流的心理健康服務，在那裡或許我才可以幫助像露西這樣的人。我所凝視的深淵，已經變成一道新的地平線。

第十章

安全與健康

否認情緒並非避免障礙，那只會讓你不敢出門。在家裡很安全，但你哪裡也去不了。

——布芮尼・布朗 Brené Brown，《勇氣的力量》（*Rising Strong*）

瑪雅八歲時染上了猩紅熱。對大部分的孩子來說，病症的各種不適都是不愉快的回憶，像咽喉腫痛、全身騷癢，但對瑪雅來說，這個經驗是個神啟。

當時她只能躺在床上由媽媽照顧，媽媽對她的關愛與用心是她之前未曾體驗過的。爸爸則丟下了她。更重要的是，來訪的醫師對她極好，她形容他「像是天使」。她告訴我，醫生承諾會讓她好起來，溫柔地幫她蓋上被子。以前沒有人對她這樣做過。

她爸爸是個賭徒，也是酒鬼。如果他每天晚上六點前沒回家，一定是去酒吧喝酒，而且對他們來說，那肯定將是漫長的一夜。有時候爸爸回到家會叫所有孩子排排站，六個孩子，連最小的也不放過，一個一個輪流揍，通常是揍肚子一拳，每個孩子都知道自己逃不了。有次他用力毆打瑪雅的臉，把她的門牙給打斷了。長大後她臉上那道傷痕還看得見，從鼻子到嘴脣間依稀有道顏色較淡的疤。

有次她媽媽不肯給爸爸錢，他就把煮熟的飯全撒在她頭上。還有一次他把家裡貓咪生的一窩小貓淹死在澡盆裡，還強迫瑪雅跟她的哥哥們親眼目睹。

那是純粹的恐怖壓制，一個透過虐待他人享受樂趣的男人所精心操弄的殘酷暴力。對多數孩子來說，傷了手腳、甚或從腳踏車上摔下來，都算得上人生的重大事件，會一輩子牢牢記得，因為那很痛。而瑪雅的父親則讓兒女的童年時光都陷在這種恐懼與痛苦之中。

在她的記憶裡，快樂或安全的情景很少。她說警察常常上門來，她記得有個幫她裹毛毯的警察向她保證說，她會愈來愈好的，但那個警察再也沒有出現過。另一次，她跟兄弟姊妹和媽媽一起搬到避難所，她也在那裡交了個朋友，名叫安妮。她希望能留下來跟安妮在一起，她從來沒有交過這樣的朋友。但父親找到他們，生活很快再次蒙上熟悉的陰影。

情愛妄想症

那是我在醫院餐廳遇到露西後的第一份工作。我停掉了私人執業。幾週之後，開始擔任諮商心理師的新角色，主要工作地點是私人的女性康復醫院。這類醫療機構都小小的，像家一樣溫馨，裝潢樸實。我服務的這家小院所是由老舊的透天厝改造，位於曼徹斯特北郊綠意盎然的富人住宅區，有重大精神問題的女性可以到此接受治療與調適，以重新回歸正常生活。這裡只有六個床位，我滿懷希望可以在這樣的環境下施展抱負——所有設施看起來親切又自然，迥異於毫無生趣的戒護醫院，以及有獄警看守的監獄訪談室。這裡的大門在你進門之後會自動鎖上，但那是要避免危險人物闖入，而不是要把病患關在裡面。

當我知道新進病患的身分時有些失望。護理長一早宣布，有位新人將加入，她被診斷患有「情愛妄想症」（erotomania）[1]，而且曾有跟蹤騷擾的行為。由於我自己曾被跟蹤騷擾過，記憶猶新，對於處理瑪雅的案例覺得很不安。我要如何保持客觀性？然而，撇開個人疑慮，我的專業讓我對她感到好奇。姑且不論嚴格的診斷標準，情愛妄想症確實罕見，我很想一探究竟。

以今日的用語來看，情愛妄想症聽起來像是維多利亞時代的用詞。事實上，這個病症已存在醫學文獻上數百年，只是缺乏明確定義。在許多精神醫學大師的發揚光大下，它有多種表現方式與變形。這個名詞現在所描述的問題，是由法國精神治療師克雷宏波（G G de Clérambault）首次加以界定為病症：源自於他

1.編按：一種器質性病變的精神疾病，源於頭部受傷，也有人認為是大腦顳葉受損，患者本身常已患有其他型的妄想症，時時刻刻都在妄想，尤其會陷入與另一個人（通常有較高的社會地位）談戀愛的妄想中。

與某位在白金漢宮外面站了好幾小時的女性病患進行諮商後；那位女士認定喬治國王會透過調整窗簾的方式向她示愛。他在一九四二年發表一份名為「激情性精神病」（Les Psychoses Passionnelles）的報告，而此現象即以「克雷宏波症候群」廣為人所知，直到情愛妄想症這個名詞被納入《精神疾病診斷與統計手冊》，成為一種妄想症的形式。

情愛妄想就只是愛的妄想。它描述一個人抱持錯誤的信念，認為他的目標對象（通常更年長、有更高的社會地位）正熱情地且無法抑制地愛戀著他，雖然對方可能與妄想者鮮少、甚或毫無往來。女性比起男性更常被診斷為此病症，雖然男性也可能迷戀某個冷淡（或完全無動於衷）的女性。

十九世紀初，情愛妄想症也被稱為「老嫗的瘋狂」，形容上了年紀又沒有丈夫的可憐女人會為愛痴狂。（不知道誰發明這個詞，但肯定不是老婦人。）這個名稱對我來說很諷刺，因為我知道根據統計，男人年紀大時更容易受孤單所苦，壽命更短，也更容易出現退化性疾病。

一旦情愛妄想症患者「建立」起信念，也就是有人喜歡他或她，他們通常會開始回報想像的愛。回報的方式很多，從在門前留下花束到更明顯的示愛，他們希望對方能夠正面回應。但更常見的情況是，他們發現自己的愛被拒絕，所以開始找藉口或理由來解釋那樣的拒絕，繼續相信對方是真的愛著自己。他們經常認定是某種外力害他們無法自由地追求幸福，例如對方的配偶阻撓。

有次某位男士請我幫忙，他認為他愛的對象被丈夫挾持，而她必定因此產生斯德哥爾摩症候群（Stockholm syndrome，指肉票對綁架者生出顯然矛盾的情感依賴）。這是他找到能夠解釋為何她拒絕跟他私奔的唯一理由。他還在社區裡到處張貼「懸賞廣告」，請求別人提供資訊以協助逮捕挾持她的家人。他後來穿著郡長的服裝出現在法院，還牽著一匹馬（因此沒辦法通過安檢）。當時我無力幫忙，但我很希望自己可以盡點力。

你怎麼知道自己有沒有變好？

瑪雅第一次到診所遊蕩是青少女時期，她放學後就坐在候診室裡，即使並未預約看診。她十六歲時開始寫卡片給一位叫金恩博士的醫師，信裡滿是她對醫師無盡的愛。原本她看起來是無害的，但她的心意不僅只於少女情懷，於是她開始在診所外面等他，甚至有幾次跟蹤他回家。

她的行為逐漸升高到威脅傷害自己與金恩博士。她警告說，如果他不能成為她的愛人，她就要割腕，或躺在路上被車撞死。

有天下午她照例在診間外面等候，那時醫師正在看診，一位病患看完診打開門時，她趁機闖進診間並將門鎖住，以便與醫師單獨相處。醫師直接拿起電話呼叫櫃檯人員，所幸有個護士從外開啟房門，但是瑪雅試圖阻擋而起了爭執。醫師試著開門時，瑪雅把他推向檢查床並試圖爬到他身上。她說自己只是想靠近他。聽起來很蠢也有點可笑，但如果有人違背你的意願要爬到你身上，可就一點都不好笑了。

就像精神治療師法蘭克・塔利斯（Frank Tallis）在其著作《無可救藥的浪漫：以及其他讓人不安的啟示》（*The Incurable Romantic: And Other Unsettling Revelations*）中所說的，有種確實存在但不道德的樂趣，就是看著別人以「愛」

為名愚弄自己。然而，「嘲笑失戀者，若非虛偽就是鐵石心腸。誰戀愛時沒有愚蠢的行為，或是異於平常的表現？」（原注1）誰都一樣。但瑪雅的痴戀太超過了，不只是讓自己不好受而已。後來她還寫了信親自送到金恩博士家，信中威脅要殺害他的妻小。結果她被逮捕了，接著被送進精神病院。瑪雅讓金恩博士與他的家人經歷了一段恐懼煎熬。

之後二十年，瑪雅待過一家又一家戒護醫院，被關在上鎖的病房裡，然後從高度戒護醫院轉到中度戒護醫院，最後是輕度戒護醫院。

她那厚厚一疊的檔案資料顯示，她並未放棄愛醫師。報告裡幾乎都會提到她迷上了某個心理師、精神醫師或護士，雖然她容易變心，但她總是鍾情醫療專業人士。有份報告提到她「願意接受治療，但到了之後又不願配合，只是不斷示愛」。她向來熱中和治療師待在同一個空間，但除了一再講述自己有多愛對方，其他什麼都不願意多說。

而過了二十年，金恩博士對她的魅力依舊不減，在診所衝突事件之後，她繼續寫信給他，當然從未真的寄出。那些信保留在她的檔案中。翻閱之後會清楚發現她很痛苦，那些信都是密密麻麻的手寫信，訴說她所遭受的事，以及她有多憤怒自己與所愛的人被拆散。

早期的醫院報告詳述她會聽到金恩博士的聲音，要她殺死他的妻子以清除他們愛情道路上的阻礙。她談到她幻想怎樣用刀挾持金恩博士，她說如果為了讓兩人在一起而必須這麼做，她就會這樣做。她陷在深沉的絕望中，每當她覺得無助或被拒絕時，就會讓自己挨餓，或在自己臉上抓出深深的傷痕，或拿尖銳物品刺傷自己。

隨著時間經過，瑪雅轉到低度戒護病房，也愈來愈少寫信。信的內容也變得短而空洞，沒那麼詩意，只是簡單重複幾句，「我希望你知道我愛你。我願意為你做任何事。」這些短箋讀起來像是花言巧語，感覺關係早已沒了火花，寫下隻字片語只是完成待辦事項。最後她停止寫信，在我遇到她時，她已經好多年沒再寫信給金恩博士了。

瑪雅與我同年。就像她送的賀卡上所說的，新的生命即將開始，我希望這是她最後一家醫院，之後她就可以進入「真實的」人生。

看來前途一片光明。

但當我們對談後，我很快就發覺她並未積極想要打造醫院高牆之外的生活。在她第一次與醫療團隊（我、精神醫師、職能治療師與護士）會談時，她才坐下就說自己是沒指望的個案。她說：「該做的以前都做過了。」「沒有辦法可以讓我變好。」

這是失敗主義者的序曲。我仔細端詳眼前這位看來活潑開朗的女人。她的牙齒白得發亮，一看就知道是假的，而完美假牙的弧線對她的嘴巴來說太大了。她始終穿著那件寬鬆的黃色套頭衫以遮掩身材。她講話時會刻意把濃密的黑髮撥到耳後。她的每個指甲都塗上不同顏色，手上也有複雜的紅色彩繪。她全身充滿色彩。

「妳怎麼知道自己有沒有變好？」我問她。「變好看起來、感覺起來是什麼樣子？」她無法回答。她告訴我們她很危險。她有克雷宏波症候群，而且她「抗拒治療」。她知道所有的行話，我很驚訝她斬釘截鐵認為自己的情況已經不可逆轉。她似乎已經這樣認定。

此外，她說她還是聽得到金恩博士的聲音，他要她殺死他的妻子。「那樣我們就能在一起了，他一直都這麼說。」

我問她會不會覺得那個聲音很煩，她就事論事回答說：「是很討厭，很折騰人，而且很難受。但我想這就是所謂的『遲鈍反應』（blunted affect），因為長期精神問題與用藥而造成的情感僵化。」她聳聳肩。我懷疑她是否真的處在她要我們相信的那種情況。

會談之後，我們每個人都收到瑪雅用優雅字體寫的短箋。她想要我們知道，對她來說我們「完美如神」，她愛我們，也願意為我們做任何事情。

醫院烏托邦

在這間醫院小小的環境中，與當事人一起努力充滿意義，我可以更自在地落實心理學知識。由於病患人數少，沒有固定的結構，也較不用執著於固定的程序，不受過去工作的慣例與常規拘束。我發現自己在這裡有時間、資源且能自主實踐我認為適當的心理療法。我不會被特定的治療方式、手冊計畫或小組課程束縛。我可以根據病患需要的支援來決定投入的時間，而不是固定每週只能一小時。我們的療法是量身訂作的。我認為心理治療應該融入日常生活的每件事，所以我採取門戶開放政策，病患有問題隨時都可以來找我，就像醫院員工那樣。當然還是需要填寫表格，也有課程稽核，但不會干擾對病患的照顧。

但瑪雅未曾利用我的門戶開放政策，事實上除了醫院提供的服務，她不會多要求些什麼。她拒絕「傾聽聲音小組」的邀約，那是小型支援團體，有助她應付她所說的金恩博士要求她殺害他妻子的指示。她常常缺席我們排定的一對一面談。我們替那些受幻聽所苦的病患採取一種新型態的療法，而且成效頗佳，當我問瑪雅是否願意試試，她婉拒了，她說如果聽不到金恩博士的聲音，她會想念他的。我之前聽過有幻聽的病患也這麼說，但因為瑪雅曾談到自己覺得很難受，所以她的拒絕似乎不合邏輯。這既沒道理，也沒理由。

瑪雅拒絕我所有的合作邀約，她說：「妳是個心理師，所以妳高高在上，」她指著天空，「而我在下面。」她指著地面。有次她告訴我，她想像我把所有時間都花在念書，可能甚至不太需要睡覺，而且不用上廁所。她想讓我知道，雖然她不想跟我一起做任何努力，但她還是愛我的。事實上，她總是說她願意為醫院的人做任何事，可是她依舊逃避任何實際的治療。她願意為愛做任何事，但她不願意接受治療。

我決定不再要求瑪雅像其他病患那樣遵守約定的時間，而是與她「巧遇」。這並不困難，因為這個地方很小。我變成祕密行動的心理師。我希望藉著擺脫角色的刻板印象，她可以將我視為與她同樣的人，而不是天與地之別。

有次我走出廁所時剛好碰到她，我隨性地說：「我如果是妳，我會晚點再進來。」這不是任何心理學教科書上會教的技巧，我只是利用機會告訴她，我也是一般人，也會吃喝拉撒睡。如果因為這個廁所笑話讓她對我皺眉，那正是我想要的，我要打破專業人員的理想形象。

白天時，多數病患都會出去走走，不論是單獨或與員工一起參加工作坊或各種諮商。但瑪雅從不想出去。她會待在客廳看電視。她喜歡家庭式的情境喜劇、感傷的電視影集，以及任何有湯姆．漢克（Tom Hanks）的節目。她愛湯姆．漢克，和善、沒有威脅感、總是笑臉迎人的湯姆．漢克。

某天早上我發現她又坐在客廳裡看電視。她沒料到我會出現，我坐到她身旁，兩人一邊看電視，一邊聊天。節目裡有隻大型聖伯納犬出現，她說她也喜歡狗，所以我拿家裡兩隻狗的照片給她看。這就是所謂的「適當的自我揭露」。心理師原則上不會與病患分享私人資訊，但如果那是安全的，也對患者有所幫助，分享有關自己的部分訊息可能是個有用的工具。我從未跟任何人說過任何有關我家人的事，尤其瑪雅有跟蹤騷擾的病史，我更不會洩漏個人資料。但談論狗兒是安全的，是拉近彼此關係的完美工具。誰不喜歡狗呢？我給瑪雅看一張狗狗耳朵上沾了奶油起司的照片，她看了開懷大笑，這在我們完美的不完美生活中，是難得的瞬間。

只要有機會，我們就會坐下聊聊。經由這些片刻，我慢慢瞭解她。我們開始揭開診斷的面紗，看到底下真實的情況。與瑪雅聊天是我擔任心理師工作時最喜愛的經驗——建立彼此的信賴，根據我認為正確的方式行事，女人對女人。

我沒有給她任何壓力，她開始愈來愈信任我。她以各種方式揭露自己，就像朋友一樣，我也溫暖相待。原本我害怕與跟蹤騷擾者共事，可是她有趣又聰明。有次她告訴我，她喜歡金恩博士的眼睛，我問她為什麼，她說：「他有足球員的眼睛。」我說我不懂她的意思，她回答說：「嗯，他的眼睛會看著不同方向，一隻看向自己，一隻看向另一邊。」我不曾催促她談金恩博士的事情，但我確實喜歡她這樣的形容。我們常常一起編出好笑的書名：愛琳．彎腰（Eileen Bent）的《背的問題》（*Back Problems*），以及麥特．愛慕（Matt Adore）的《鬥牛的藝術》（*The Art of Bull Fighting*）。在這段期間，她也跟我說起她的過去、她的家人，以及有關他父親的一切。我喜歡她，她很會看事情，可以對這個世界做出很多貢獻。

與她相處的時光也幫助我重新找到平衡。治療者與被治療者的關係是雙向的，治療關係對心理師的益處鮮少被討論，但那時常發生。

但有關瑪雅康復的機會，我原本抱持的希望與樂觀大都消散了。她停滯不前。她不想離開醫院，也不想像其他患者那樣與醫院員工一起外出。我本來以為她會試著走入外面的世界，想像自己的新生活，但只要聽到外出機會，她總是先退縮，而且總是相同的回答：「不，不要，我身體不舒服，我生病了。」如果我們再多鼓勵，她就會說：「不，我很危險，金恩博士要我殺了他的妻子。」有幾次她抓傷了自己，還用光碟片在臉上刮出一條條淺淺的傷痕。

有天我要瑪雅跟我聊聊，她覺得最完美的地方長什麼樣子，還有如果她不能再待在這裡，她會想要去的地方。她告訴我，那會是一條很長的醫院走廊，空蕩蕩的，兩邊都有門可以出去，而她可以隨興在這個廊道裡走來走去，開啟任何一道門，裡面每個房間都會有個醫生願意陪著她，不管多久都行。醫生們會確保她吃飽穿暖，有人照顧她。晚上他們會幫她蓋被子。

這個讓人遺憾的醫院烏托邦讓我想起叔公的金絲雀，一輩子待在籠子裡，就算門打開了，還是寧可待在裡面。

幾年前我見過類似的情境。那時我拜訪東北地區一家中度戒護醫院，準備之後上精神健康審查庭（Mental Health Review Tribunal）作證。那是一個老舊的療養院所，亮白色磚牆，窗戶又長又高，入口處還有成排的行道樹。

他們要我在某間行政辦公室等候，裡面有精神健康管理員與兩位祕書。那個房間有一扇窗戶面向光禿的院子，院子裡有個吸菸區，還有兩片巨大的鐵門。

等候期間，窗外灰白的天空霎時籠罩上陰霾，雷聲轟隆作響，巨大的風暴正在逼近。我們圍聚在窗邊觀看大地變化，也看到幾個病患擠在吸菸區就像企鵝那樣，迅速抽著菸，手還拱在菸旁以免被雨淋濕。

接著劈下另一聲巨雷，我們本能地望著天空，預期會看到閃電。但沒有閃電，只有一陣狂風將一片鐵門吹開，力道之大扯斷了鎖，另一片鐵門也被掀起。突然間，那些抽菸的人離這道可輕易脫逃之門只有幾呎遠。

其中一個病患跑向大門，他又高又瘦，步伐很大。從我所在的位置看不清楚他的長相，但他戴著藍色羊毛帽，我看到那頂藍色帽子快速朝出口移動，愈跑愈遠。但他在大門前停了下來，退了幾步，又試著往前一步，揮著手猶豫不決，就像籠裡的金絲雀。

其他病患都跑進來了，有個護士站在門口呼喊那個可能想逃跑的病患回來。他楞了幾秒鐘，急忙調頭跑進來。

隨著病患們魚貫經過辦公室，我們勉強對外頭世界末日般的暴風說了一些無甚意義的評論。那個戴帽子的男人淋成了落湯雞。

「看看我，外面正下著傾盆大雨，」他伸出自己的手。「我不是要逃跑。不是今天，不是在這種天氣。」

我搖搖頭說：「對，這樣你會感冒的。」

「我知道。」他說。「我寧可待在這裡。這是個爛地方，但至少在這裡有茶可以喝。」

非常英國式的想法，我心想。

美好生活的可能樣貌

有個精神醫師將到這裡工作一週，瑪雅還沒見過他就寫了一封情書給他：「我愛你，我願意為你做任何事。」不同於我們其他人，那位醫師氣到不行。他認為這是嚴重違規，把信退回給她，明確表示他不會接受瑪雅的感情。

瑪雅終於走進我的辦公室，癱坐在椅子上。她說：「但他是我的醫師，他有義務照顧我。」她憤怒的表情中帶有一絲理所當然的感覺。

我跟她解釋說，他的義務是確認她用藥安全，他的職責僅只於此，他肯定覺得瑪雅的信冒犯了他個人。她想了一下，表示：「生病會讓人變得自私。」

「那是生病嗎？或者只是想要安全感？」我這麼問她，因為我瞭解，某種程度來說，我在醫院裡工作也是追求同樣的東西，一種安全感，一個安全港。我告她，想要覺得安全是完全可以理解的。事實上，我相信她有權獲得安全感，但不是以讓另一個人覺得不安全為代價。

她點點頭，然後說：「我真的愛醫生，但我想如果真有醫師想要我，我可能會逃跑。醫生絕不會看上我的，我高攀不上。我只想要他們照顧我。」

那天瑪雅離開我的辦公室之後，她並沒有劃傷自己、威脅任何人，或再次提到金恩博士。我很確定那時的瑪雅已經好轉，而且好轉一陣子了。那種消耗心神的愛情妄想早已煙消雲散，變成偶爾回憶的愉悅幻想，也是確保自己能得到照顧的咒語。

對瑪雅來說，醫師代表的不只是醫治者。多年前那位醫師簡單的一個替她蓋被子的動作，帶給她短暫的愛與被照顧的感覺，那是她未曾從爸爸那裡得到過的。金恩博士拒絕她的示愛，但還是拯救了她；瑪雅對金恩博士的痴情造成她被留置，讓她脫離了危險的家庭。而她已經在精神機構度過了大半人生，要她替自己的想法負責，離開醫院與醫生提供的安全環境，都是很嚇人的——比起「繼續生病」，離開的恐怖程度更大。

受虐的童年結束很久之後，基本的安全需求驅使瑪雅維持「病態」的認同感。就像那個戴帽的男人，瑪雅試探性地朝向自由前進，接受我跟她一樣是個凡人，這已經是很大的一步。不過她還沒準備好要走出大門，她仍然找理由留在醫院提供的安全網裡，拒絕那些會將她推向真實世界的幫助。有時這就是治療的本質，進一步、退一步，不斷在原地踏步。

就心理學而言，「病人角色」是個複雜的概念，既神聖又充滿誘惑。心理專業長期以來即承認，對某些人來說，生病好過沒有生病。我在監獄環境中就看過許多類似情況。

對認定自由是必備條件的人來說，有些人不想要那樣的自由似乎是難以置信的。而對多數人來說屬於隱私與自主的東西，對某些人來說感覺卻是孤單與不安。如果外面的世界不友善又不確定，那麼精神病的設定便提供了照顧與保護。雖然乍看之下不像安身之處，但任何地方只要待久了，都能夠變成家，甚至與其中的人成為家人。

一個人要有力量繼續往前走下去，他必須能夠為自己描繪更好的將來，一個可以達成的目標，而且比現在的生活狀況更好。作為病患治療上的夥伴，心理師只能真實地向他們呈現那種生活的可能樣貌。你必須打著光，陪他們踽踽前行，走到隧道的盡頭。但你無法要他們跨出去。對某些人來說，那樣的光太刺眼，讓他們睜不開眼。

第十一章

部分的總和

整體大於部分的總和。
——亞里斯多德

在改建成女子精神病院前，這棟維多利亞式別墅原本是一家旅館。現在仍然不時有人會穿過林蔭蔥鬱的車道前來敲門，問說還有沒有空房。我喜歡幻想如果我們招待旅客入住，他們會在貓頭鷹旅評網站（TripAdvisor）上怎麼說。

這裡跟瑪雅選擇的那家小型康復中心屬於同一個集團，我已經與他們配合了一段期間。他們經營的中心更有家的味道，而不是醫院。牆上貼著老式壁紙，天花板是層層塗漆，地板鋪著毛地毯，暗色的花紋窗簾帶有點霉味。那不是居家設計雜誌裡會介紹的樣子，但它能讓住客感到放鬆。不過在這種褪去光華的大宅裡工作可不是太愉快的經驗：我辦公室裡的老舊暖氣如果不是讓人冷到發顫，就是熱到像熱帶地區，而且因為防火規定門窗都不能開，所以情況更是糟糕。

屋裡有九個房間，住客從十九歲到六十歲都有。她們都是有複雜精神問題的女性，包括會聽到威脅聲音的人、因藥物成癮而有記憶問題的人，或者曾經事業有成卻被強迫症給擊垮的人。這裡沒有僵化的入住資格條件限制，也不是有同樣遭遇的人才能進來，眾人共通的信念就是「我們能夠幫助她們」。這個地方充滿溫情。事實上，在我曾經服務過的單位裡，這裡所提供的鼓舞與真誠照顧稱得上是數一數二。但後來我才明白，即使在一個像這樣的地方，同情仍是有條件與限制的。

解離性身分疾患

警方把珍妮轉介給我們，她當時差點從天橋上跳下去。她原本被送到國民保健署所屬醫院的高度戒護病房，警方請我評估她是否適合到我們這裡。後來發現過去幾週珍妮已經多次企圖自殺，報告裡提到「繩索」（企圖上吊或勒死自己），還列出好幾個她自殘的日期。有次她試圖用毯子把自己綁在衣櫥裡，被發現時已經陷入昏迷。還有一次她用可樂瓶的鋸齒邊緣割腕自殺。她也曾用玻璃碎片在自己的手臂上刻下「bad」這個字。她的行為是非常明確的求救訊號。

珍妮的檔案顯示她在青春期以及剛成年的那些年間，時常進出精神醫療機構。她在精神病院外的人生也是乏善可陳，但時間已經長到足夠讓她結婚並生了兩個小孩。現在她四十多歲了，發現丈夫外遇，而且竟然狠心要她離開好讓小三搬進來，她根本不知所措。

關於珍妮，我注意到的第一件事，是她與眾不同的氣質。她經常看似漫步在雲端，彷彿剛吞下一球雲朵。由於她身高近一百八、滿頭銀髮、膚色紅潤，配上這樣的姿態更顯違和。她一邊撥著藍色串珠，一邊輕聲優雅地說話。她解釋說她對於發生的一切感到很絕望，所以才會有一連串的自我毀滅行為。她想要逃出困境，擺脫無助感與罪惡感，以及對於即將發生之事的恐懼。我相信我們可以陪珍妮一起努力，讓事情有所轉變。

我熱切地想要把珍妮介紹給我們的治療團隊，但同僚們並不買帳。珍妮的診斷結果是「邊緣型人格疾患」（borderline personality disorder，有時亦稱「情緒不穩定人格異常障礙」），這個標籤可能會被專業人士以各種方式加以解讀，而且經常是帶有貶義。

對剛進這個領域的人來說，用來診斷邊緣型人格疾患的標準更像是一份犯罪檔案，而不是一組症狀或問題：自殘與各種莽撞行為（不安全的性、暴怒、藥物濫用等等）是重大指標，還有劇烈的情緒變化與偏執的不信任。與邊緣型人格疾患有關的性格與個人特質，看起來也像是各種討人厭的特質清單。這種人易怒、有自我毀滅傾向、纏人、捉摸不定，而且一般來說讓周遭的人都反感。即使是照顧者，也往往覺得他們（以女性為大宗）喜歡操縱人、引人注意。「公主病」（drama queen）[1]這個詞可能就是因為邊緣型人格而來的，雖然並不公允。

可確定的是，這樣的人並不好過。然而，「人格異常」本質上就是一種指控與指責。這些人已經受了傷，而將他們描述為異常，聽起來就像是他們的性格有問題，他們的內在有無可救藥的瑕疵。

幾天之後，珍妮來辦理入住手續，我發現她有些不一樣。她很焦慮，這是可以預期的。但是她不願意跟員工說話，就算說話也是像小孩一樣尖聲細語還帶有濃濃的鼻音。她穿著粉紅色的牛仔褲和粉紅色有小馬圖樣的上衣，就像九歲女孩的打扮。她窩在交誼廳的沙發上，旁邊都是她帶來的玩具，其中有隻快跟她一樣大的貓玩偶，一隻眼睛補了釘、耳朵脫落，就像童書裡會看到的那種可愛流浪動物。

有幾次我看到一些通常很熱心的護士，在珍妮經過時翻了個白眼，好像在說

1.編按：直譯為戲劇皇后，泛指一不順心即大呼小叫的人，或習慣把眼淚當武器的那些公主或王子。

又來了。甚至在珍妮獲得專業照護之前，她的病歷上就已經刻著邊緣型人格疾患的戳印。即便是專業的護理人員，也會直接替她貼上難搞的標籤，對病情無甚助益。

還有其他原因讓我覺得不太對勁。當我和曾經往來許多高度戒護病房的珍妮接觸時，我認為她的狀況並不符合邊緣型人格疾患的界定。如果必須給珍妮貼上某種疾病的標籤，至少應該要能更準確描述她的問題才對。她的情況比較接近所謂的「解離性身分疾患」(dissociative identity disorder)。(原注1)

解離性身分疾患就是過去所說的多重人格，但事實上患者只有一種人格，只是體驗與表現出其不同的部分。人格不同部分的轉換可能是非常微妙的，也許是獨特的言行舉止或音調的轉變；也可能較為顯著，一個人會覺得身體上有所不同，甚至變成不同性別，或者表現出「平常的」自己所沒有的技能或習慣。患者可能完全未察覺這樣的轉變，並且在發生轉變時出現失憶的情況，或者移動到不同的地點卻不記得自己是怎麼到那裡的。珍妮的報告顯示她常常出現這樣的情況，她會跑到不同的地方，卻完全不知道自己怎麼會到那些地方。可以理解的是，伴隨而來的失控感與無力感讓人恐慌，加重原本已經糾結的情感創傷。最重要的是，與解離性身分疾患相關的症狀是童年遭受身體虐待與性侵害的結果——後來我才知道，珍妮還是個小女孩時曾受過極大的傷害。

為了應付童年受虐的痛苦驚慌，她學會脫離自己「飄」到外面。她對那段時間的記憶成了破碎的片段，而且以各種不同的自我角色呈現（往往不請自來）。因此才會有粉紅色的裝扮與絨毛娃娃，它們是實體的道具，是她某個自我的珍藏品。這些人格是她的回憶與受困的情感，各有其名也各有其時。

我希望她明白，那不是她的錯

我們開始進行一週兩次的療程，通常她會全力配合。我想幫助她瞭解自己的痛苦從何而來，並降低她自殘的頻率，更重要的是，降低致命的危險性。我們開始一起拼湊她的故事。

她最常以珍妮的身分跟我說話，有時也會以不同的人格跟我說話。她會強烈感受到侵害情境重演，有時會覺得喘不過氣來，甚至嘔吐。我處理過的性侵犯通常不會提及特定細節，像是被害人在受侵犯時嘔吐、難以呼吸。唯有直接面對被害者，被虐的恐怖經歷才能完整呈現。

珍妮未曾告訴別人她的故事，我彷彿有無上特權才獲得她的信賴，作為她的證人，溫柔引導她來到這裡。此時，回憶吞沒了她。我想要讓她瞭解，她現在的情況是可以理解的反應，源自於她所經歷的所有事情；我想讓不同部分的她相信，她已經脫離了危險。

我只在一位患者面前哭過，就是珍妮。對一個要保持中立且通常理智清醒的司法心理師來說，在當事人面前落淚是大忌，但面對珍妮，我實在無法克制。畢竟那是我對她的故事真實而人性的反應。她需要知道發生在她身上的事是不對的，而且有人對於她發生了這樣的事真心感到難過。

十歲的克萊兒是珍妮最常出現的另一個身分。克萊兒與她同時存在，是她信賴的幫助者與朋友。克萊兒告訴我，她最早的回憶就是看著她哥哥被父親與父親的朋友虐待。透過我們的談話可知，顯然她父親是某個戀童癖團體的成員，而珍妮與她哥哥是交易的一部分。

如果說克萊兒是珍妮的盟友，是她害怕時可以召喚來的同伴，那麼她的另一身分德魯就是麻煩製造者。他讓珍妮做出許多自我毀滅的行為，無論是自殺還是自殘。德魯也是醫院員工最難接受的角色。

有趣的是，德魯也是珍妮哥哥的名字；十六歲時他就逃家了，珍妮再也沒見過他。他自生自滅，多年後珍妮才聽說他已經死了，孤零零被埋葬。她實在無法接受。於是德魯成為她的一部分，帶著她對哥哥那股強烈的失落感、憤怒與罪惡感。當她脫離德魯再次回復珍妮的身分，她會否認自己做過的事。對院內員工來說，他們本來就抱持懷疑的態度，認為這樣的失憶只是方便脫罪的藉口。他們無法接受這種荒誕的說法。

珍妮的第三個分身貝兒根本不說話。或許她的角色設定是珍妮還無法說話的時候，或者根本找不到可以表達的言語。但她會畫畫。

貝兒是左撇子，而珍妮則是右撇子。我有時會看著貝兒安靜地用左手畫畫，而珍妮則用右手寫字，兩隻手同時運作。老實說，這樣的景象真的很詭異。員工們開始耳語說，珍妮一定是被附身了。

我很訝異（但既非空前也非絕後），稱職又能幹的精神專業人員竟然說起惡鬼附身的事，或者說珍妮是精於算計的操縱者，卻不願接受符合邏輯及心理學的理解：她的自我認同分裂成數個部分，那是一種複雜的生存策略。珍妮不是被鬼附身，她只是分裂了。因為那樣所以她才能左右開弓。

或許他們這樣的想法也是一種分裂。他們對珍妮的遭遇懷有同情與厭惡，兩種情感太過沉重而無法協調。也或許珍妮這類患者的故事對那些生活正常的人來說太奇怪了而無法理解。但不幸的是，我在執業過程中見證過許多陰暗的世界，我能瞭解珍妮所經歷的一切。或許我因此更能接受她所發生的事。珍妮的「異常」事實上是一種有效且重要的策略，讓她能夠度過被虐待的那些年，但在她成年之後，所謂的解離似乎沒有多大成效。她幾乎一生都在利用這樣的策略，我知道要她完全停止，完全接受她所有的想法、經歷與回憶，變回單一的「我」，而非「我們」，確實不太可能。（就算是一般人，倘若誠實面對自己，是否真的能夠完全接納自己的每一個面向？）此外，要她放棄克萊兒，那個她認為安心可靠的朋友，會讓她極度失落。所以我們透過療程要達到的目的，是讓她不再陷於危險處境，如果她覺得自己又快要變成德魯時，她可以用簡單的技巧把自己拉回來。方法很簡單：感覺自己雙腳站在地面，或者利用串珠讓意識回到自己身上，專注於眼前的物體，大聲喊出它們的名字。

在她哥哥的忌日那天，我們在院內的園子裡為他種了一棵蘋果樹，一起談談他的一生，懷念他。藉由這些小小的確認行為，我們一步步治癒珍妮的創傷。

就效果來說，我們的療程很成功。但在心理治療之外，事情並非那般美好。珍妮仍不符合標準的期待。作為收容人，院方期待她準時起床、照時間用餐、參加安排好的活動、洗澡時有人看顧，以及對珍妮來說最困難的，時間到了要脫褲子接受打針。

這裡並不是監獄或戒護醫院，珍妮並沒有任何司法紀錄或犯罪前科。然而，這些事情也是醫療機構的堅持，控制個人的自主與自尊。

珍妮不喜歡那樣，而當她不想守規矩時，她也明白表現出來。她會跟員工針對一些瑣事激烈爭執。有天早上院內傳出尖叫聲，因為員工不讓她吃麥片。我們希望她像大人一樣循規蹈矩，卻又不給她大人該有的選擇自由。她大聲喊叫、摔門、刻意踏重步還摔東西，而且是在其他病患面前。

作為她的心理師，我很煎熬。珍妮因為不守規矩而受辱。（有個護士說：「我來這裡是要幫助那些可憐人，但她實在太不聽話了。」）但私底下我忍不住讚賞她為自己爭取自由，我為她感到驕傲，她還有勇氣拒絕；畢竟正是因為她小時候被剝奪了拒絕的權利，才讓她住進這裡接受治療。

我認為如果她想要，她有權叫一些人別煩她。我們這些較幸運的人難道不能更尊重受虐者，讓他們用自己的方式回應他們的創傷，而不是當他們不肯遵照我們設下的規矩時，再給他們增添更多的羞愧與罪惡感？為什麼我們這麼難以理解，沒有任何傷害比孩子被他們最信賴的人虐待更加傷人的？我們無論如何要讓一個人康復起來又是為了什麼？是為了讓他變成一個順從的人，還是一個有自主性的人呢？

珍妮是我們醫療團隊中最讓人不開心的爭辯主題。管理者要我們控制她，甚至建議下次她再爭辯，就壓制她，讓她知道誰做主。

但實質的壓制不僅沒有必要，還會造成二度傷害，因為那與她受虐的經驗相似。教訓人的暗黑技術絕不在任何優秀心理師的工具箱裡，只要我看得到，我絕不容許以壓制作為懲罰。珍妮是討人厭，也沒有什麼禮貌，但是她絕不構成真正的威脅。然而，圍繞珍妮的紛紛擾擾無可避免都讓她想要逃離這裡。對院內員工來說，那只是更加證明珍妮的邊緣型人格疾患。難道他們不是從一開始就這樣想嗎？珍妮愈反抗規則與期待，就有愈多的規則與期待強加到她身上，員工對她的厭惡也變得更明顯，而這反過來更強化她認定自己本質就是壞的感受。這就像是一種自證式的預言。

有天珍妮打破窗戶逃跑了。警察發現她在公園裡喝酒。她說那是德魯幹的好事（指的是破窗，但喝酒的是珍妮），護士不相信她。雖然我相信，但我向她解釋，德魯就是她憤怒的那個部分，珍妮必須為德魯的行為負責。她接受這點。儘管她願意在療程中學習，仍無法遵守機構想要她遵守的規矩。

最後我必須承認，這家醫療機構並不適合她。我永遠不認為那是珍妮的錯。我們太常認為病患不適合照護，但事實上是我們應該更努力提供更適合他們的照護。

她離開的那天，新的照護者來接她，在那裡她可以得到一週六小時的照護協助。她離開前，走進院子把她為哥哥種下的蘋果樹連根拔起。她哭著離開，不斷哀求讓她留下來，她答應會乖乖不再搗蛋。她用懺悔的孩子氣語調哀求著，還抱著她的填充玩偶。

我時常在想珍妮過得如何。有次她寄來臉書的好友邀請，作為她前任的治療師，我不能接受這份邀請。但我希望她持續接受治療。她始終認為發生在她身上的事是她的錯。她尤其為哥哥的自殺自責。我希望她明白，那不是她的錯。

我必須將自己連根拔起

那是二〇一六年的夏天；當時我還不知道，我會在那年的十月辭掉工作。我真心喜歡在那裡工作，幫助女性找到生活的安全繩，協助她們邁向新的開始。

確實，她們多數人都迫不及待想要回復自由，但有些人不願意離開（就像「愛生病的」瑪雅，她後來的確搬到更獨立的照護之家），選擇繼續接受治療——我最欣賞的一位護士將之形容為「雪靴治療」，意思是輕輕踢著她們的屁股讓她們上路。作為小型治療機構的成員，這裡的照護服務是個人化的，而且是有意義的，是我認為心理執業最有效的一種方式。

但珍妮已經離開，沒有亂踢亂叫，可是確實很痛苦，還哀求能留下來。她想要治好她的創傷，是我們拒絕讓她過關。那個無情時刻的苦澀在我心裡未曾淡去，無論如何都擺脫不掉。我讓自己投入與熱情的夥伴攜手合作，卻發現整個制度無法善待像珍妮這樣的受害者，就像它對加害者同樣無能為力。觀看布里哲審判之後，我的憤慨依然無法消退，只是換了個位置，就像從這隻手換到另一隻手。

珍妮離開不久後，一連串的事情讓我懷疑事實上我是不是整個勾結裡的一環，養大了一隻怪物，而它就躲在人們看不見的地方。

珍妮在週五離開，隔週六早上我在自家門口差點被一輛車撞到。當時我正要出門遛狗，享受陽光照拂臉龐的單純幸福。那是一輛普通的車，不知從哪裡冒出來，迅速轉向我這裡之後又快速閃開，差點就衝上路肩撞到我或我的狗。沒有人受傷，但看起來是故意要讓我覺得生命受到威脅，畢竟馬路空蕩蕩的，他沒理由非要開過來。

之後那輛車慢慢往前駛，車裡的男人看著我大笑。是他嗎？看起來像他，但我不確定。那時候我在法庭上刻意不看他的臉，而且自從二〇一二年以後，我就再也沒有聽過他的消息。但剛剛發生的事，以及那輛車裡的狀況，都讓我覺得並不是意外。

隔一週我收到他的帳單。那個不請自來架設網站的男人現在說我欠他兩萬六千英鎊，他會到商業法庭告我不付錢。他信裡還放了一張明細，詳細列出顯然是我造成的成本，包括他找到我所花的時間、他調查財產所花的錢，以及五百英鎊的旅費，最後這項真的讓我大笑出聲。

他在信中也邀請我協商。他說願意與我面談，在「圓桌」會議上仔細談清楚。他彷彿把自己當作總理大臣，而不是給我人生帶來災難的人。我再次笑出來，因為這種膽大妄為真的非常可笑。但後來發生的事可就不好笑了。

我必須再次委託律師處理他那無厘頭的行徑。律師寫信給他說我不會參加他安排的圓桌會議，不論那裡的餅乾有多好吃。這個案子後來以濫訴為由被否決，就像我預測的那樣。但我忍不住心想，實在難以理解竟然有這樣的人。我已經改變了工作方式，也減少出現在公眾場合，我試著避免麻煩，不要引起任何人注意，都這樣做了他還寄帳單給我尋開心。我突然明白，我是在配合一種虐待的動態關係。

後來我的貓死了。

有天早上我將狗兒們放到花園，貓咪趁機偷偷跟出去。我匆匆上樓沖澡著裝，之後下樓要把狗喚進來吃早餐。那是我們的日常，我和狗兒們都清楚那樣的步驟。只是這天早上不太一樣。當我再次打開後門，狗兒們不肯回來。牠們盯著籬笆底下的某個東西看。

那是一具毛絨絨的屍體，四肢一動也不動。我跑過去，立刻察覺牠死了，嘴巴張開著，口吐白沫。我當下的反應是轉頭看向大狗，厲聲問說是不是牠幹的。

但我怎能期待一隻鬆獅犬會回答呢？牠看起來跟我一樣茫然。

冷靜下來以後，我知道這不是另一隻動物會做的事。多年來看過許多犯罪現場的照片，讓我很快得出結論。貓咪的身體沒有任何傷痕、沒有血跡，現場也沒有打鬥的跡象。此外，我知道必要時牠可以撂倒那兩隻狗。我靠近檢視，牠的身體呈現不太自然的姿勢，前腳壓在身體下面，頭轉到一邊，好像是死掉後才被拋過籬笆。是有人撞到牠，把牠丟進花園嗎？或是有人扭斷牠的脖子？我沒辦法判斷。牠是我十六年來最親密的夥伴，而我永遠不知道牠是怎麼死的。

但有件事我可以肯定，就是貓咪沒辦法拿筆在籬笆上寫下「吉爾・丹多」（JILL DANDO）。甚至第二天我把垃圾拿出去倒時也沒發現。它可不像你在恐怖片裡看到的那樣，用不祥的紅色墨水在木條上大大寫著幾個字，墨水還會滴下來。就只是用普通的圓珠筆在籬笆上隨意塗寫的字，好像是被慫恿下才做的，匆忙寫好希望別人不會看到。丹多是個記者，也是《犯罪透視》（*Crimewatch*）節目主持人，一九九九年時她在自家門外被槍殺而死，凶手一直沒找到。五年前，跟蹤騷擾我的人已經告訴他的讀者：敬請期待……這是一直等著我的暴力威脅嗎？

警方逮捕他，開了一張「騷擾警告通知」（Harassment Warning），理由是他寄帳單要我付錢。這個通知表示他的行為已經構成騷擾，如果後續還有報案，警方就能逮捕他。我很驚訝，因為對於所謂的強迫行為來說，這種處置完全不適當。交給他另一張寫著我名字的單據，只會增加他的收藏品，強化他毫無根據認為與我有關係的想法。這也會在心理創傷上再增添羞辱。

我的憤怒再次升高，只是這次並非那麼沉重，更像是一種決心。一個陌生的男人寄來帳單，一個曾經對我言語霸凌並誹謗我，讓我在自己家都擔心受怕的男人，此刻卻我讓思路更加透澈。在那瞬間，一切都明明白白，我繼續逃避不能改變情況。

我著手整理法律文件，這個不請自來的情況累積成厚厚的卷宗。此時我想起珍妮，以及我們在她身上貼的標籤，拒絕她、把她視為病態的、對她造成二度傷害的各種做法，而她根本沒有犯什麼罪啊。突然間，我覺得這個制度的每個面向都壞掉了。而在這個矩陣裡的每一個點，加害者與被害者、富人與窮人、男人與女人、黑人與白人，不論怎麼看，都有顯著的不平等與失能之處。從犯罪發生到提出解決方案，每個層面都有制度失能。我必須再度問自己，我是否已成了問題的一部分？我在刑事司法系統裡工作了這麼多年，試著在迷宮中尋找出路，並為我的當事人與社會大眾找出最好的結果。但我是不是正支撐著一個只為特定少數人服務，卻讓多數人失望的制度呢？

我想起珍妮將樹連根拔起，丟到草地上。她挺身戰鬥。我知道我需要披上她這樣的精神。她並沒有我的聲量或權力或可施展的平臺，但如果我能善用她為我帶來的省思，我可以為她做點事情。

我知道我可以讓事情有所不同，但我必須將自己連根拔起，讓自己成為解決方案的一部分，而不是問題的一部分。跟蹤騷擾我的人喜歡邀請我「看看這裡」，隱約指向某種險惡之境。但就像我媽會說的，「去死吧！」我花太多時間低頭看這裡。該是我改變這裡的時候了。

結語

我依然是個司法心理師，但這些日子以來我選擇用其他的方式促成改變。我仍有部分的日常工作是在法院裡擔任專家證人，而且就算經過多年，我依然難以預知會有什麼新鮮事。但我也必須支持我內在的改革者，倡議各種重要議題的變革。與其對這個系統妥協或感到挫折，我正嘗試從外面來促成改變。

我很榮幸成為全國家庭暴力防治中心（National Centre for Domestic Violence）的贊助者，（原注1）我也努力支持其他許多慈善團體與組織，包括蘇吉・朗普樂信託（Suzy Lamplugh Trust）（原注2）；這個組織致力於透過宣傳、教育、為受害者發聲，以減少暴力與侵犯的風險。設立該信託是為了紀念一九八六年在工作中失蹤的朗普樂，她是個房仲，當時正要帶客戶去看房子。二〇一七年，我開始訓練警方改善他們對於跟蹤騷擾案的處置方法，根據個人經驗，我知道他們有許多做法是不適當的。這並不是因為警方毫不在意。儘管發生一些受高度關注的謀殺案，但對於跟蹤騷擾案的指導與訓練闕如。二〇一八年，皇家檢察署與全國警政首長委員會（National Police Chiefs’ Council）宣布實施新的改革措施，包括騷擾警告通知不適用於跟蹤騷擾案，因為問題根源在於跟蹤者的強迫性行為，而新的程序確保警方可以迅速辨識風險行為的模式。

「跟蹤騷擾防治法案」的宣傳戰持續進行至二〇一九年，我們要求設立「跟蹤騷擾防治辦法」，讓警方與相關單位可以採取立即措施保護受害者，也確保跟蹤者接受必要的心理治療，以防止再度犯案。二〇一九年三月進入立法程序，實務上還有更多工作需要完成。

我很幸運有個平臺可以提高大眾對此議題的意識。我嘗試透過媒體就犯罪問題與精神問題進行更多的對話。我認為媒體對於犯罪與精神疾病的介紹，大體上只會加深刻板印象、汙名化，並加劇非黑即白的思考，實際上沒有任何好效果。我們對於犯罪的報導愈慎重，就愈能妥善處理犯罪的問題。我們需要敢於提問的新聞與電視節目，如此才能尋找更有效的解決方案。

一九九三年我剛進大學滿一年，那時的首相梅傑呼籲人們「多一些譴責，少一些理解」。從那之後，不論哪個政黨執政，似乎都是完全拋棄了理解。

責難是一種訴諸人類本能的訊息：讓我們盡可能遠離那些威脅我們的人與想法，愈遠愈好。當我們面對犯罪以及那些犯罪的人時，大喊「不得釋放」，然後轉頭不看不想，總是比試著找出背後的原因來得容易許多。罪犯行為是一種挑戰，而我應該清楚知道這點，因為我以個人身分、專業身分都曾受到挑戰。我並不覺得那是件容易的事。很不容易。偶爾我同時感受到極端的同情與憤怒，但我不能讓這兩種情緒中的任何一種，控制我回應那些犯罪者或處在極端痛苦下的人的方式。我知道在事實與個人情感之間取得平衡是很難做到的——保羅·布倫（**Paul Bloom**）在其著作《失控的同理心》（*Against Empathy*）中稱之為「合理的同情」。[原注3] 但我們必須做到。

我後來明白，每次人們問說：「這些人究竟有什麼毛病？」實際上這就是在把人「異化」。我們把違法者歸類為「瘋子」或「壞人」，我們說他們會做出這種事，是因為他們有精神病、邪惡或各式各樣的異常。對「這些人」當中的某些人來說，這提供了方便的標籤，讓他們可以躲在裡面。但這也讓他們被妖魔化，甚至讓他們自己都懷疑自己沒有得救的機會。

如果你對這種做法的反應就是聳聳肩，我能理解。但仔細想想，我們不僅將犯罪者「異化」，還常常也對被害人這麼做。我們太常聽到人家說：誰誰誰因為太天真、太軟弱、太愛亂來或者自作自受，所以才會被當成攻擊目標。然後我們又將被害的痛苦反應視為一種病態。我們貼在他們身上的疾病標籤，決定了他們未來數年的經歷。

這會將我們帶到什麼境地呢？我們的刑事司法制度並不符合其目的。我們對犯罪者的態度就是「他們頭腦有病；他們跟我們不一樣」，與此呼應的情緒讓我們的司法制度陷入今日這種岌岌可危的情況，從警力的短缺到法律扶助不足，以及獄政的窘境。

我們用來「矯治」極端行為的系統時常造成創傷及／或二度創傷，制度化且邊緣化那些被矯治的對象。我們的監獄尤其提供了完美的條件，讓我們希望消弭的問題變得更嚴重。

我們需要更深遠的改變，而不只是呼喊政治口號與舊調重彈。我們必須先承認，我們每個人都牽扯其中。改變問題的時候到了，不要再問：「他們有什麼毛病？」取而代之是較不熟悉也讓人較不安的問題：「他們發生了什麼事？我們整個社會發生了什麼事？」

這些才是根本的問題。雖然我們繼續以各種解釋將極端行為的原因局限在個人，認為有人天生就是壞人，或者更糟的是，有人天生就是受害者，但別忘了外在的力量。影響人們行為的因素還包括法律、文化、性別期待，這些因素從出生開始就在我們身上累積，而媒體影響則會促進社會中的暴力與虐待。我們需要在更廣的背景下考量行為的極端性：被虐待與災難的經驗；種族主義與其他類型歧視的社會議題；政治與經濟因素；被排除、剝奪權利與能力。

曾有位當事人目睹我兩名同事之間起了激烈爭執。那兩個人在一次憤怒管理課程中槓上了，其中一人一拳打在另一個人的臉上，雙方打到鼻青臉腫，逗得病患們圍在旁邊拍手叫好。這位當事人事後一直想著這件事情，他有感而發對我說：「心理師也是人。」

我們的基本條件都一樣，我們都是人。讓人性有不同表現的原因之一，在於必要時我們有能力超越自己的情緒，對於所面臨的重大挑戰尋找更好的解決方法。

我在本書裡所說的故事，只是我個人以及作為司法心理師的部分經驗。希望這些故事能讓你們看見，每個人受犯罪影響的方式都是獨特的。加害者或被害者都有不同的樣態。他們每個人都有自己的故事要說。但故事可以被改變。預防永遠勝於治療。只要更深入檢視極端行為的成因，我們就能創造新的開始。

致謝

首先，也最重要的，感謝莎拉．湯普森（Sarah Thompson）在我撰寫本書的過程中一路相伴。我希望能在叨擾妳無數次的咖啡店裡，再招待妳喝杯咖啡。此外，若沒有丹尼爾．庫克（Daniel Coleman-Cooke）的建議與推我一把，為我打氣加油，我就無法走到終點。

如果不是泰迪顧問公司（Tidy Management）的希維亞．哈里斯（Sylvia Tidy-Harris）與弗雷德（Fredders），就沒有這本書。你們不只是最棒的代理，也是最棒的人，我很高興認識你們。也要感謝喬納森康威出版社（Jonathan Conway Literary Agency）的喬納森．康威（Jonathan Conway）、克勞蒂亞．康納爾（Claudia Connal），以及奧圖帕斯集團（Octopus）卓越的團隊。感謝你們看見我這些故事的潛力。

我也要特別感謝蘇珊．布萊利（Susan Bradley），謝謝妳對本書初稿提出遠超越「一般讀者」的回饋。有時實在很難接受，而且未來幾年我可能還都會做惡夢，但妳那強悍的愛、輔導與鼓舞激勵我繼續前進。

也要感謝蓋瑞・西德雷（Gary Sidley）協助檢查本書的用語並激勵我在這整個過程中持續寫作。感謝喬・華森（Jo Watson）在《拋掉異常》（*Drop The Disorder*）書中提出的想法。你的想法激發對於精神病學文化的質疑，我深有同感，樂意加入你帶動的革命。我也要感謝凱特在我遛狗的公園裡的小咖啡店陪伴我，這本書因為妳招待的茶、起士洋蔥三明治以及雪靴療法而有滿滿的動力。一個友善而安全的空間，還有滿滿的社區精神，為人們帶來的改變遠超乎想像。由於我是個素食主義者，培根卷帶給狗兒們超乎預期的快樂。

我也要向多年來一起努力的同事致謝並致敬，儘管我們每天都面對著挑戰，資源也有限，價值感亦未獲得充分肯定，卻仍然維持幽默感、同情心與熱情，因而帶來正面的影響。你們一定知道我說的就是你們。

最後我也要謝謝我的家人，我會一直為你們掛心，直到闔上眼睛為止。雖然有時你們確實很吵，但你們三個被我寫進了這本書的每一頁，因為你們就是我的人生，我深深感謝你們。

原文注釋

第一章　這裡有怪物

1. 英國心理學會提供的數據，二〇一八年已更正。
2. Commons Library Briefing Paper CBP-04334，二〇一八年七月二十三日瀏覽 https://researchbriefings.files.parliament.uk/documents/SN04334/SN04334. pdf。霍華德聯盟（Howard League）提出獄囚的財富統計 https://howardleague.org。
3. Moller, A., Sondergaard, H.P. and Helstrom, L., 2017, 'Tonic immobility during sexual assault–a common reaction predicting post traumatic stress disorder and severe depression', *Acta Obstetricia et Gynecologia Scandinavica*, 96(8), pp932-38

第二章　大男孩別哭

1. Fazel, S., Ramesh, T. and Hawton, T., 2017, 'Suicide in prisons: an international study of prevalence and contributory factors', *The Lancet Psychiatry*, 4(12), pp946-52.
2. Edgar, K. and Rickford, D., 2009, 'Too Little, Too Late: An independent review of unmet mental

health need in prison', The Prison Reform Trust，瀏覽於 www.prisonreformtrust.org.uk/Portals/0/Documents/ Too%20Little%20Too%20Late%20-%20a%20review%20of%20 unmet%20mental%20health%20need%20in%20prison%20.pdf。

第三章　怪罪的遊戲

1. Gibbons, J., 2013, 'Global Study on Homicide', United Nations Office on Drugs and Crime, accessed online at www.unodc.org. See also Office for National Statistics, 2017, 'Homicide'，瀏覽於 www.ons.gov.uk/ peoplepopulationandcommunity/crimeandjustice/compendium/ focusonviolentcrimeandsexualoffences/yearendingmarch2016/ homicide。
2. Karen Ingala Smith, 'Sex differences and Domestic Violence Murders'，瀏覽於 https://kareningalasmith.com/counting-dead-women/ and Long, J., Harper, K. and Harvey, H., 2017, 'The Femicide Census: 2017 findings'，瀏覽於 https://www.femicidecensus.org.uk 50。
3. Walby, S. and Towers, J., 2017, 'Measuring violence to end violence: mainstreaming gender', *Journal of Gender-Based Violence*, 1(1), pp11-31 and Myhill, A., 2017, 'Measuring domestic violence: context is everything', *Journal of Gender-Based Violence*, 1(1), pp3344. Also see Office for National Statistics, 2018, 'Domestic abuse in England and Wales: Year ending March 2018'，瀏覽於 www.ons.gov.uk/peoplepopulationandcommunity/crimeandjustice/ bulletins/

domesticabuseinenglandandwales/yearendingmarch2018。

第四章　裝病的人

1. 二〇一二年，瀏覽於 www.ted.com/talks/amy_ cuddy_your_body_language_shapes_who_you_are?language=en。
2. Caplan, Paula J., *They Say You're Crazy: How the world's most powerful psychiatrists decide who's normal*, Da Capo Press (1995).
3. Rosenhan, D.L., 'On being sane in insane places', in Scheff, T.J. (ed.), *Labeling Madness*, Prentice-Hall (1975).

第五章　巫醫與洗腦者

1. Owen, P.R., 2012, 'Portrayals of schizophrenia by entertainment media: a content analysis of contemporary movies', Psychiatric Services, 63(7), pp655-9
2. 'Violence and mental health: the facts', 2019, Time To Change，瀏覽於 www.time-to-change.org.uk/mediacentre/responsible-reporting/violence-mental-health-problems。
3. 有項批判評論可參閱 'Risk distortion and risk assessment', in Sidley, G., *Tales From The Madhouse*, PCCS Books (2015)。

4. Falshaw, L. et al., 2003, 'Searching for "What Works": an evaluation of cognitive skills programmes'. Home Office Research, Findings 206。有項批判意見，參閱Forde, Robert A., *Bad Psychology: How forensic psychology left science behind*, Jessica Kingsley Publishers (2018)。
5. 報告內容可瀏覽http://image.guardian.co.uk/ sys-files/Society/documents/2004/02/12/Bennett.pdf。
6. Equality and Human Rights Commission (EHRC), October 2018, 'Is Britain Fairer?', accessed online at www. equalityhumanrights.com/en/publication-download/britainfairer-2018。也可參閱Servicegovuk, 2019，瀏覽於www. ethnicity-facts-figures.service.gov.uk/health/access-to-treatment/ detentions-under-the-mental-health-act/latest。
7. 'Mental health labels can save lives. But they can also destroy them', *Guardian*, 24 April 2018.
8. Kinderman, P., *The New Laws of Psychology: Why nature and nurture alone can't explain human behaviour*, Constable & Robinson (2014)。進一步的資訊可瀏覽www.madintheuk.com and www.adisorder4everyone.com。
9. Millham, A. and Easton, S., 1998, 'Prevalence of auditory hallucinations in nurses in mental health', *Journal of Psychiatric and Mental Health Nursing*, 5, pp95-9.

第六章　裝腔作勢

1. Gresswell, D.M.與Hollin, C.R., 1994, ‘Multiple murder: a review’, *British Journal of Criminology*, 34, pp1-14.
2. 有關詳細的介紹，推薦Canter, D. and Youngs, D., *Investigative Psychology: Offender profiling and the analysis of criminal action*, John Wiley & Sons (2009)。
3. Office for National Statistics, 2017, ‘Overview of burglary and other household theft: England and Wales’, accessed online at www.ons. gov.uk/peoplepopulationandcommunity/crimeandjustice/articles/overviewofburglaryandotherhouseholdtheft/ englandandwales#what-are-the-long-term-trends.
4. Ekman, P., *Telling Lies*, W.W. Norton & Company (2009).
5. Archer, D.E. and Lansley, C.A., 2015, ‘Public appeals, news interviews and crocodile tears: an argument for multi-channel analysis’，瀏覽於www.euppublishing.com。

第七章　侮辱與傷害

1. Forde, Robert A., *Bad Psychology: How Forensic Psychology Left Science Behind,* Jessica Kingsley Publishers (2018).
2. Office for National Statistics, 2018, ‘Sexual offences in England and Wales: year ending March

2017’，瀏覽於 www.ons.gov. uk/peoplepopulationandcommunity/crimeandjustice/articles/sexualoffencesinenglandandwales/yearendingmarch2017。
3. Williams, W.H. et al., 2018, ‘Traumatic brain injury: a potential cause of violent crime’, *The Lancet Psychiatry*, 5(10), pp836-844.
4. Hewson, A., 2018, ‘Bromley Briefings Prison Factfile Autumn 2018’, The Prison Reform Trust，瀏覽於 www.prisonreformtrust.org. uk/Portals/0/Documents/Bromley%20Briefings/Autumn%202018%20Factfile.pdf。

第八章　一個男人的世界

1. Amnesty International, 2018, ‘Online abuse of women is widespread in UK’。瀏覽於 www.amnesty.org/en/latest/news/2018/12/crowdsourced-twitter-study-revealsshocking-scale-of-online-abuse-against-women/。
2. *Homicides, Firearm offences and intimate violence 2009/10; Supplementary Volume 2 to Crime in England and Wales 2009/10*, 2nd Edition, Home Office Statistical Bulletin 01/11.
3. Monckton- Smith, J., Szymanska, K.and Haile, S., 2017, ‘Exploring the Relationship between Stalking and Homicide’, Suzy Lamplugh Trust，瀏覽於 http://eprints.glos.ac.uk/4553/。
4. Mullen, P., Pathe, M. and Purcell, R., *Stalkers and Their Victims*, Cambridge University Press

(2009).

5. Heller, Joseph, *Catch 22*, Vintage (1955).
6. www.stalkingriskprofile.com
7. Hart, S.D., Hare, R.D., and Harpur, T.J., 'The Psychopathy Checklist –Revised (PCL – R): An overview for researchers and clinicians', in J.C. Rosen and P. McReynolds (eds), *Advances in Psychological Assessment*, Vol. 8, pp103-30, Plenum Press (1992)。一般讀者如果想大致瞭解，可參閱Hare, R., *Without Conscience*, Guilford Press (1999)。
8. Ronson, J., *The Psychopath Test*, Picador (2011).
9. Brooks, N. and Frizon, K., 2016, 'Psychopathic personality characteristics among high functioning populations', *Crime Psychology Review*, 2(1), pp22-44.
10. Skeem et al., 2011, 'Psychopathic personality: bridging the gap between scientific evidence and public policy', *Psychological Science in the Public Interest*, 12(3), pp95-162。一般讀者若想知道這些議題大致的討論，可參閱Forde, R.A., *Bad Psychology:how forensic psychology left science behind,* Jessica Kingsley Publishers (2018)。
11. Cooke et al., 2005, 'Assessing psychopathy in the UK: concerns about cross-cultural generalisability', *British Journal of Psychiatry*, 186, pp339-45.

第九章　斷指案

1.《獨立報》，3 September 2018，瀏覽於 www.independent.co.uk/news/uk/homenews/uk-online-sex-threat-80000-people-children-nationalcrime-agency-a8519606.html。
2. Newiss, G., 2013, 'Taken: A study of child abduction in the UK. Parents and Abducted Children Together (PACT) and the Child Exploitation and Online Protection Centre (CEOP)'，瀏覽於 www.actionagainstabduction. org/wp-content/uploads/2015/02/Taken.pdf。

第十章　安全與健康

1. Tallis, Frank, *The Incurable Romantic: and other unsettling revelations*, Little, Brown (2018).

第十一章　部分的總和

1. PODS (Positive Outcomes for Dissociative Survivors), www.podsonline.org.uk.

結語

1. www.ncdv.org.uk.可線上轉介或致電：0207 186 8270
2. www.suzylamplugh.org, National Stalking Helpline: 0808 802 0300
3. Bloom, P., *Against Empathy: The case for rational compassion*,Vintage (2016).

國家圖書館出版品預行編目資料

一個司法心理學家的告白：
11起刑事案件實錄，重思犯罪成因與改變的可能
凱莉・戴恩斯 Kerry Daynes 著　高忠義 譯
初版 . -- 臺北市：商周出版：家庭傳媒城邦分公司發行
2020.07　面；　公分
譯自：The Dark Side Of The Mind: True Stories from My Life as a Forensic Psychologist
ISBN 978-986-477-857-7（平裝）

1. 犯罪心理學 2. 精神病患

548.52　　109007767

一個司法心理學家的告白

原文書名／The Dark Side Of The Mind:True Stories from My Life as a Forensic Psychologist
作　　者／凱莉・戴恩斯 Kerry Daynes
譯　　者／高忠義
責任編輯／陳玳妮
版　　權／林心紅

行銷業務／周丹蘋、黃崇華
總 編 輯／楊如玉
總 經 理／彭之琬
事業群總經理／黃淑貞
發 行 人／何飛鵬
法律顧問／元禾法律事務所 王子文律師
出　　版／商周出版　城邦文化事業股份有限公司
台北市中山區民生東路二段141號4樓
電話：(02) 25007008　傳眞：(02)25007759
E-mail：bwp.service@cite.com.tw
Blog：http://bwp25007008.pixnet.net/blog
發　　行／英屬蓋曼群島商家庭傳媒股份有限公司城邦分公司
台北市中山區民生東路二段141號2樓
書虫客服服務專線：(02)25007718；(02)25007719
服務時間：週一至週五上午 09:30-12:00；下午 13:30-17:00
24 小時傳眞專線：(02)25001990；(02)25001991
劃撥帳號：19863813；戶名：書虫股份有限公司
讀者服務信箱：service@readingclub.com.tw
歡迎光臨城邦讀書花園　網址：www.cite.com.tw
香港發行所／城邦（香港）出版集團有限公司
香港灣仔駱克道193號東超商業中心1樓
E-mail：hkcite@biznetvigator.com
電話：(852) 25086231　傳眞：(852) 25789337
馬新發行所／城邦（馬新）出版集團【Cite (M) Sdn. Bhd.】
41, Jalan Radin Anum, Bandar Baru Sri Petaling,
57000 Kuala Lumpur, Malaysia.
Tel: (603) 90578822　Fax: (603) 90576622
Email: cite@cite.com.my

封　　面／李東記
排　　版／極翔企業有限公司
印　　刷／韋懋實業有限公司

經 銷 商／聯合發行股份有限公司
電話：(02)2917-8022　傳眞：(02)2911-0053
地址：新北市231新店區寶橋路235巷6弄6號2樓

■2020年7月2日初版
■2021年6月15日初版1.8刷
定價400元

Printed in Taiwan

城邦讀書花園
www.cite.com.tw
版權所有，翻印必究　ISBN 978-986-477-857-7